地位；柏拉圖及其〈理想國〉；亞里斯多德《政治學》的中心思想；及後亞里斯多德的亂世哲學。

就篇幅言，委實是「小書」而非「大作」，嘗自歎「其貌不揚」，恐與多年來所耗費的時光和心血不成比例，然而，如不妄自菲薄，諸篇中之若干心得，乃是長期融會與領悟之結晶，坦白說，我確有敝帚自珍或孤芳自賞之意。

本書成於退休多年之後，首先應感謝老天爺，讓我行將八十尚能耳聰目明，思慮雖不夠敏捷，但卻清明如常。隨後當感謝三民劉董振強兄寬容我拖延久久始還稿債，依然禮遇備至，且有雅意以此書為（上）冊，往後再續（中）、（下）云云，我則不敢輕諾，笑謂如按照一貫之「牛步」進度，要活到一百才行。言談之間，曾提及偶像人物胡適之著有《中國哲學史大綱》（上），時先生正值盛年，後來終其生並無（中）、（下）問世。自問學養難望前賢之背項；何況這把年紀，怎能只憑一句「老當益壯」的誓詞，就逞匹夫之勇，去追逐茫茫的白紙黑字，對待本當從容自適的餘年，怎可了得？

此外，三民書局同仁們細心校閱，勘誤不少，一併致謝。亦師亦友的單繩武先生，遠在美東，函電中對拙作期勉有加，每當伏案之際，總是拳拳於心。又內子王秋娥女士晨昏照顧，奉茶備酒，俾老朽之文思不致枯竭，不可不感恩也。

謝延庚

二〇〇六年三月

西洋古代政治思想家
——蘇格拉底、柏拉圖、亞里斯多德

Ancient Political Thinkers:
Socrates, Plato, and Aristotle

謝延庚　著

三民書局

Politics

國家圖書館出版品預行編目資料

西洋古代政治思想家:蘇格拉底、柏拉圖、亞里斯多德 / 謝
　延庚著.－－初版一刷.－－臺北市:三民，2006
　　面；　　公分
含索引
ISBN 957-14-4442-1　(平裝)

1.蘇格拉底(Socrates,469-399 B.C.)－學術思想－政治
2.柏拉圖(Plato,427-347 B.C.)－學術思想－政治
3.亞里斯多德(Aristotle,384-322 B.C.)－學術思想－政治
4.政治－哲學,原理－西洋－上古史(476年以前)

570.9401　　　　　　　　　　　　　　　95004084

網路書店位址　　http : // www.sanmin.com.tw

© 西洋古代政治思想家
　　——蘇格拉底、柏拉圖、亞里斯多德

著作人　謝延庚
發行人　劉振強
著作財　三民書局股份有限公司
產權人　臺北市復興北路386號
發行所　三民書局股份有限公司
　　　　地址／臺北市復興北路386號
　　　　電話／(02)25006600
　　　　郵撥／0009998-5
印刷所　三民書局股份有限公司
門市部　復北店／臺北市復興北路386號
　　　　重南店／臺北市重慶南路一段61號
初版一刷　2006年3月
編　號　S 571260
基本定價　伍　元
行政院新聞局登記證局版臺業字第○二○○號

有著作權‧不准侵害

ISBN　957-14-4442-1　　(平裝)

自　序

　　我在大學裡教書近四十年，雖然忙碌，但總覺得豐足自在。其所以樂在其中者，實因講授主科為「西洋政治思想史」，以日夕欣賞名家哲思，浩瀚之中，彷彿有取之不盡的寶藏，為之神往不已。

　　或因相形之下的渺小，遂慣於粉筆生涯中的述而不作；琳瑯滿目的典籍，領受已是應接不暇，且又心心念念，但執簡馭繁，俾與學子分享；至於經營一己之相關作品，直力有未逮的千斤重擔，久而久之，甚至視著書立說為畏途。文學家冰心每逢與前人所見略同之際，曾有言云：「恨不能古上，趁古人未說我先說。」不才素來欠缺這一份豪情，更以為思想史宛如江河之難以斷流，「先說」未必即是「先知說」與「先說」亦不易分割，因而也就不敢輕言創說了。

　　歲月匆匆，我退休後旅居美國瞬已十載。這些年來，進修之便，始終未遠離大學書城；再者，機緣湊巧，落腳曾與可享用咖啡及音樂的書店為鄰，於是很自然地以閱讀為樂，並勉力將些微心得與多年教學之體會相應和，點點滴滴轉稿，以誌與西洋政治思想史結緣之雪泥鴻爪。在浩如煙海中，我較為鍾愛古代部份，據悉舊地臺北坊間這方面之專為寥落，用特不揣簡陋，採學術論文的章法，分別撰就古治哲學家代表人物：蘇格拉底、柏拉圖、與亞里斯多德（亞里斯多德的亂世哲學），集成一書，定名為《西洋古代政治思想家》。

　　這本小書共區分為五篇：導論；蘇格拉底在政治思想

西洋古代政治思想家
——蘇格拉底、柏拉圖、亞里斯多德

自　序
目　次
引　言

第伍篇　後亞里斯多德時代的亂世哲學

引　言

　　本書雖非鉅著，但仍有必要掇拾各篇重點或精要處，作為引言，以便讀者從而可對全書內容了然於心。

　　對於〈理想國〉何謂正義的闡釋，向來爭議紛紜，實因《對話錄》中陳義飄忽難以捉摸之故，致有「易讀難懂」(reading Plato should be easy, understanding can be difficult) 之說，筆者以為柏拉圖之正義觀並非天書難解，如能不為繁複的枝節所遮蔽，尋繹相關的隱喻和言外之意，存「精華」而去「糟粕」，當可得其梗概。易言之，若祇憑著演繹的描述，何謂正義？唯依稀可見眉目，但仍不免失之於籠統，不如檢視關鍵論辯，及其建構理想國的具體主張，方能撥開雲霧，得其真義。

　　蓋「理想國」之名，不啻強烈暗示，其所思所言流於虛玄。我人於文中特引述名家所云：柏氏並非「坐而言的人」(man of words)，他不僅懷有用世之心，且一而再、再而三的忍耐負重以求踐履其理念，故吾人有理由設想〈理想國〉乃是出於對希臘實際政治的反思，而非任意虛構的空中樓閣。

　　學界或有稱柏拉圖為共產主義之鼻祖者，這顯然是認知上的謬誤。按柏氏共產之說，跟均富或破除階級之間的不平無關，其用意在於澈底杜絕居上位者趨於腐化的誘因。我人不可忽略，希臘雅典內亂與黨爭，無處無之，當權者交征利，難以止息！也就是說，腐化或惡質化的亂象，一向為人詬病而苦無對策，這對於素以治國平天下為職志的柏拉圖而言，當然會引為胸中塊壘。他的共產主張侷限於金、銀階級為度，顯見其惟恐經濟腐蝕政治，更明確的顧慮，乃是怕利之所在讓治國者動了凡心，壞了品格，

以至於弄權循私，則正義國家的理想將盡付東流！在別無選擇的擠壓之下，遂有讓統治階級共產公妻之想。

「哲君」或「哲學家王」一節，乍視之，可說全然是海市蜃樓的光景，這也是柏拉圖被稱為理想家或空想家的緣由。其實，所謂「哲君」也者，乃是一個具有統攝性或象徵性的概念，意謂君王應如哲學家具有睿智而能洞燭機先；具有碩德而能無私無我，方可撥亂反正。再則「哲君」的另一意涵，乃係世上做王的人，真心誠意地接納哲學家的智慧，正義之邦才有指望，否則，必將舉世滔滔，盡是無休止的紛亂。

筆者強調柏氏所言政治權力與哲學（指哲學家的智慧）相結合 (political power and philosophy meet together) 一語，實為「哲君」概念的精髓。故特作深入的討論。

今之論者，或因信奉當代普世價值之民主，遂批判反民主之柏拉圖為「開放社會」(open society) 之敵，其間恐有認知誤差之處，值得商榷。

筆者基於基於前賢所云「為人平冤白謗是第一天理」之說，對上述數端，加以辯解與澄清，亦所以明辨是非也。

亞里斯多德可說是古希臘罕見的百科全書派，其所思所言跨越人文而及於自然科學之領域，舉凡究天人之理，以至於論治國之道，始終秉持「多途短徑不一而足」(in several ways, not homonymously) 的認知態度，致所指涉者包羅萬象，稱其學問博大精深，似不為過。

如果要在亞里斯多德博大精深的學問找出一條線索，筆者以為那就是他最重視的中道（中庸）(mean)，亦即是他在《倫理學》和《政治學》中常常標榜而稱之為「黃金的中庸」(golden mean)。

本文析述亞氏談中庸指涉倫理學、政治學、與經濟學領域，

自認為可得其神髓；又指出其重視中產階級以落實中庸哲學，正所以彰顯其在學養中錘鍊而成的平實智慧 (practical wisdom) 進而詮釋當代資本主義與社會主義合流之現象，實足以印證亞氏中庸哲學之精義。

　　什麼是好政體一節，即使對當代偏執政體形式的紛紜議論，亦頗有解惑的作用。

　　後亞里斯多德的亂世哲學（其實與亞里斯多德無甚關聯），不過是舉一反三，其所顯示的諸多啟迪，或許不限於末世，即使綜觀擾攘人間，在在皆有可資借鑑之處。

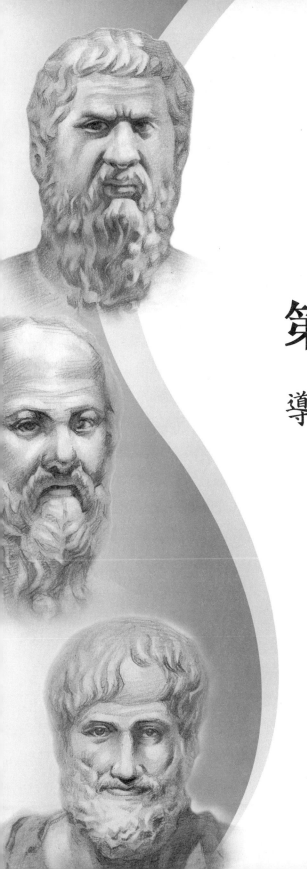

第壹篇

導論

何謂政治思想？向來是眾說紛紜，很難獲致放之四海皆準的定義。

一、政治思想的界說

談到政治思想，學界往往採取不同的用語，有人因其內容浩如煙海而又虛無飄渺，乃稱之為政治哲學 (political philosophy)，如威廉・艾本斯坦 (William Ebenstein) 著有《政治哲學引論》(*Introduction of Political Philosophy*)；亦有人以為政治思想無非是政治思想家的學說或理論，故稱之為政治理論，如喬治・賽班 (George Sabine) 稱其思想史巨著為《政治理論史》(*A History of Political Theory*)；更為特別的或謂政治思想為政治文學 (political literature)，意指政治思想家大多兼具文才，常以生花妙筆，刻畫政治社會，反映政治生活中的政治現象，譬如柏拉圖的〈理想國〉(Republic)、盧梭的《社約論》(*Social Contract*)，除了所標榜的哲理之外，由於字裡行間洋溢文學的風采和韻味，習文學者亦視其著述為經典之作。

此外，一般的印象，認為政治思想免不了帶有理想的色彩，因而稱之為政治理想 (political ideal)。其實，孔子的春秋大義或柏拉圖的理想國，固然可視為政治理想的典型，但如斷言政治理想完全出於想像，盡屬空中樓閣，恐有欠允當。誠如康有為所云，孔子之所以言必稱堯舜，意在託古改制，從「亂臣賊子懼」的效應來看，便足以證明其理念多少會產生「撥亂反正」的作用。再者，他的周遊列國，原本基於用世之心，想對當時紛亂的實際政治有所匡正。至於柏拉圖的理想國，一般的刻板印象，都說它流於空談，平情而論，其所思所言，並非不食人間煙火，還不如說

是對城邦政治極度不滿之後的回應。當時希臘城邦之間征戰不已，尤其值得注意的是長期殺伐的伯羅奔尼興戰爭 (Peloponnesian War)，斯巴達擊敗雅典，這對於早期的柏拉圖極為震撼，後來他在〈理想國〉中曾流露對斯巴達貴族政體的欣賞（相對地，格外凸顯對雅典民主政體的反感），以及強調對護國者 (guardians) 無私無我的嚴格訓練，甚至因而提出共產公妻的主張，似乎與斯巴達的「公共食堂」(public mess) 不無關係。又如充滿理想色彩的舉國一致 (unity) 原則，似亦隱含斯巴達精神。

當然，雅典是柏拉圖安身立命的家邦，他對於雅典至為深厚的人文思想傳統，不可能無動於衷。析言之，在柏氏的著作中，隨處可見斯巴達和雅典的影子，鄧寧 (William A. Dunning) 教授說：「柏拉圖的正義國家觀可謂『斯巴達化的雅典』(Spantanized Athens)，」確乎是言簡意賅的描述。這麼看來，斷言柏拉圖的政治思想即為政治理想，恐怕是言過其實了。

檢點柏拉圖的志業和不如意的政治遭遇，幾與我國孔子雷同。按柏氏本有積極問政之心，這一點，當可從他不止一次的投身西西里西勒庫斯 (Syracuse) 小王國希冀實現「哲君」理念，得到證明，故葛泰爾 (R. G. Gettell) 名著《政治思想史》(A History of Political Thought) 即從而認定柏拉圖並不是一位「坐而言的人」(man of words)。

其他相關的同義字如「政治神話」(political myth)、「意識形態」(ideology)、及「政治意見」(political opinion) 等，廣義言之，莫不為政治思想。

然則，政治思想究為何物？概括的說，不論政治哲學、政治理論、政治理想、意識形態、及政治神話，都是人在時代環境中有所回應的痕跡。更明確的說，乃是人在政治生活中對遭遇和感

受的所思所言。

二、政治思想的領域

　　政治思想浩瀚無邊，如欲粗略地界定其範疇，不妨借用喬治‧賽班執簡馭繁的概念，將它區分為「筆之於書的政治思想」(political theory in books) 與「流動中的政治思想」(political theory in action)。顧名思義，前者是寫在書上的政治思想，後者則是指存在的亦流傳的政治思想，但並未筆之於書。

　　筆之於書的政治思想，大抵信而可考，算是政治思想的正宗，最受學術界的重視，然而，歷史的昭示，政治思想家著書立說，藏之深山，傳之後世，總是鳳毛麟角，少之又少，其原因是多方面的，知識份子的矜持，便是一端，歷史上多少博學鴻儒，往往不求聞達，視富貴如浮雲，對立言傳世亦淡薄而有所不為；或因盛名之累，很怕面對著書立說的事，總覺得不論怎麼寫也難乎一己已享有的士林清望，孔子與蘇格拉底「述而不作」，或許跟這個考慮有關。

　　除此之外，政治思想之所以未能筆之於書，一項最無奈也是最殘酷的原因，就是政治禁忌。古往今來，由於白紙黑字冒犯威權而招致牢獄之災或殺身之禍者，比比皆然。職是之故，在政治禁忌的刀俎之下，縱有敢言之士，亦很難遂其心願，從而當可洞見政治思想未必皆能筆之於書的緣由了。然而，不甘寂寞的思想家，對當時的政治人物、政治制度、或政治勢力，雖不便公然批判與痛下針砭，但卻可能以影射的筆法，轉化為小說家之言，恣意諷嘲。譬如「文字獄」盛行的清代，有才子之稱的紀曉嵐（紀昀）所著《閱微草堂筆記》，即似有假記鬼故事以反諷實際政治陰

暗面的用意。於是政治思想乃與神話和街談巷議相結合。換言之，本可堂堂皇皇筆之於書的政治思想，只得悄然隱退，化身為不見經傳的野史在民間流傳了。

由此可見，筆之於書的政治思想，並非政治思想的全部，其所占的比重，恐遠不如在民間流動的書本之外的政治思想。固然，筆之於書者，較為顯著，但在人文世界中，「隱」而不「顯」的政治思想，更是飄飄渺渺，無所不在。相對而言，筆之於書者，或許只是冰山一角。故研究政治思想的人，應兼而顧之，不可理所當然地祇著意於書本的領域，否則便會只知其一不知其二，甚或掛一漏萬。故喬治‧賽班有言：「對流傳的、而又難以捉摸的政治思想，不可漠然視之，應使其與筆之於書者受到同等看待。」這在實踐上儘管十分困難，但是治思想史者不可不察。

三、何以會產生政治思想

政治思想的產生，基本上是因為人有理性，對政治生活中的遭遇和感受有所反應，政治思想便應運而生。易言之，人類的群體生活孕育了政治思想，然而，並非在平靜無波的政治生活中俯拾即是，還不如說在時代與環境的激盪之下，才會呈現蓬勃的政治思想。

誠然，人有理性，在文化上具有堪稱「萬物之靈」的建樹與創獲，但在另一方面，人也有惰性，不到萬不得已的地步，總是不願多費思量的，在初民社會中，只要遵從神話或巫師的指引，避免觸犯禁忌，便有了行為規範；現代人（特別是吾國吾民）雖已掙脫古社會的重重桎梏，但對於一般凡夫俗子（亦包括不少達官貴人和虛有其表的知識份子）而言，神話依然神奇，巫師的地

位不過是由神通的法師取代，信眾仍舊如過江之鯽，問卜求籤極為風行的現象，反映獨立思考的蒼白；亦反映長期的安定繁榮，民間大可不必為國事天下事傷神，凡事得過且過，隨波逐流，也能安然無恙，則政治思想自然無甚可觀。

政治思想乃是為解決政治問題而提供的答案。在承平之世，不僅一般人懶得去想，即使是政治思想家的思想也是平淡無奇，因為人在時代環境的變局中，才不得不去思想，古往今來，從沒有政治思想家無緣無故地空思冥想，或無的放矢的胡思亂想，他們總是在苦思對策的時候，發表多彩多姿的思想。這般的假設，大致可從中外歷史中獲得印證。

我國先秦時期之所以出現「百家爭鳴」，締造了政治思想史上的黃金時代，乃是由於春秋戰國群雄爭逐，兵荒馬亂，以致時代環境空前的動盪不安，在人心望治的壓力之下，思想家尋求撥亂反正之道，各家各說遂如雨後春筍。及至秦滅六國，一統山河；或漢唐盛世，聲威如日中天，文人雅士沉浸於華麗的詞章，可說是文采有餘，在學術思想與政治哲學方面，則是一片空虛。簡略的說，主要是大一統的格局和「定於一」的價值觀有以致之。從來如秦始皇、漢武帝、及唐太宗等雄主，莫不排斥「處士橫議」的眾說紛紜，並視之為亂源，即以歧見為「亂」，無歧見為「治」。不獨當權在位者以政治上的異議為禁忌，甚至先秦思想家中持此觀點者亦不乏其人，譬如有人問孟子，「天下烏乎定?」孟子便以「定於一」為答案；又如荀子及其弟子韓非、李斯，還有對荀子極為崇拜的董仲舒，亦所見略同。韓非倡議「言行而不軌於法令者，必禁」（韓非子問辯篇）；李斯奏請秦始皇推行所謂「別黑白而定一尊」的政策；董仲舒亦力主「罷黜百家、獨尊儒術」。

胡適在《中國古代哲學史》中有這樣的評論：「哲學的發達全

靠『異端』(古訓一點,引申為長物的兩頭。異端不過是一種不同的觀點,譬如一根手杖,你拿這端,我拿那端,你未必是,我未必非。)一到了『別黑白而定一尊』的時候,一家專制,罷黜百家;名為『尊』這一家,其實,這一家少了四圍的敵手與批評家,就如同刀子少了磨刀石,不久就要鏽了,不久就要鈍了……」

　　胡適的這個見解,在西洋政治思想史上,亦同樣地可以得到印證。古希臘何以能造就燦爛的文化與蓬勃的思想而永垂不朽?羅素 (Bertrand Russell) 謂希臘人信奉多神,且人神之間的關係並不是莊嚴肅穆的,如酒神的信徒可豪飲狂歡,崇拜音樂神者可縱情歌唱,如此遂能從而打破古社會的封閉和僵化,得以獲致心靈的解放而提升了創造力。杜蘭 (Will Durant) 則推想雅典人擅長航海,因而開拓了眼界,對文化和思想的激盪頗有助益;此外,亦有人臆測希臘奴隸眾多,可從事各種勞務,作為主人的公民乃擁有充份的精力與閑暇,在文學、藝術、及哲學思想方面,大展宏圖。

　　此等解釋,確乎是各具見地,但如祇偏執一端,恐有欠週延。其實,希臘城邦 (city-state) 的多元化特色,才是最具包容性的圓滿詮釋,在希臘化的世界 (the Hellenic World) 中,城邦林立,體制多元(亞里斯多德曾蒐集一百五十八個城邦的典章制度作比較研究)。不論宗教信仰,文化格調,及憲政制度,皆各有千秋。這般多樣化和差異性,無形中產生相互觀摩作用,在政治思想上自然多所啟迪,進而激發智慧的火花。析言之,城邦的互動,提供了「他山之石」的借鏡,透過相互的省思和批判,豐富的題材,便可取之不盡,用之不竭。例如皮里克雷斯的葬禮演說 (Pericle's Funeral Oration),即曾對雅典的民主政體和人文社會的多才多藝,十分自豪,他在言詞中固然饒有誇耀的色彩,但並非自吹自擂,

在論證上，總是以斯巴達作對比，譏評彼邦粗鄙不文，特別指摘其教育制度自幼便施予極嚴苛的訓練，其人（指斯巴達人）之所以勇敢，乃由於無知；而雅典人則是自由自在的生活，惟在緊要關頭亦可赴湯蹈火，為國捐軀，因為在他們的內心深處，早已充滿對國家的忠愛之情和責任感。

上述激勵自身志氣、貶抑敵國威風的言詞，出於政治領袖之口，應屬無可厚非。平情而論，斯巴達對古希臘政治思想的影響，也是不容忽視的。柏拉圖曾盛讚斯巴達的體制與風紀，尤其是公道無私、崇尚勇敢的國民教育（理想國的初等教育強調鍛鍊體魄的重要性，例如國民於二十歲之前，必須受兩年軍事訓練，顯然有取法斯巴達的跡象），這當然與柏氏在主觀上厭棄雅典導致蘇格拉底之死的民主政治（常視之為暴民政治）有關。

雖然，雅典的高明之處，委實是多方面的，但其時的哲學家對斯巴達另眼看待而多所推崇的，並非柏拉圖一人，特別是當雅典戰敗、政治與社會秩序紊亂之際，論者多謂斯巴達之強盛有其道理云云。褒貶之間，不啻刻畫了雅典和斯巴達兩個城邦在典型上的強烈對比，從而反映城邦政治的多彩多姿，可見希臘化世界的人文薈萃，實與諸多城邦的並列及其多元化相關，亦為其政治思想之所以蓬勃的主要緣由。總而言之，國度與體制的多樣，以及時代環境的動盪，均足以激發豐富的和不平凡的政治思想。

四、政治思想的主題

政治思想既是浩如煙海，我人首先遭遇的難題，那就是該從何說起？在取捨上如何拿捏？蓋每一代的人物思想，琳瑯滿目，而又端緒紛紜，若以同等的注意力，兼籌並顧，則將眼花撩亂，

即使皓首窮經，到頭來恐不免坐困書城，不得要領。有鑒於此，如何在林林總總的千絲萬縷中執簡馭繁，能見其大，才不致因困惑而流於迷惘，這顯然是治思想史者在研究方法上的一大考驗。

甚麼是政治思想的主題? 如何認定? 依據溫勒斯 (Lawrence C. Wanlass) 在 *Gettell's History of Political Thought* 一書的導論中提示，舉凡眾所關注或思想家視為最重要 (most important) 而加以反覆論辯之政治課題，且其在言論界顯現之頻率甚高者 (appeared most frequently)，便可稱之為政治思想上的主題。此說大抵可採。但有一點應當心存警惕者，所謂把握主題，意即應注重思想史中具有關鍵性或代表性之課題，以免面對一片汪洋的政治思潮而茫無頭緒，其用意無非是憑藉可取的線索，提綱挈領，俾洞察總體的風貌。然而，重視主題，並不意味著忽視其他，試想，一個時代的人物思想，可說是千頭萬緒，若祗舉其一端而強調此乃時代精神之所在，不免斷章取義，以偏概全。誠如杜蘭所言，歷史家也會犯新聞記者的毛病，往往被戲劇性或突出的事件所吸引，因而忽略平淡的史實，很難不偏不倚地作中肯的論述。明乎此，我人所稱應掌握政治思想上的主題，只是相對地尋求重點切入，但在認知和解釋上，理當以巨視的眼光，綜覽全局，方不致衍生掛一漏萬的偏差。

政治思想的主題，並非一成不變，它總是隨著時代環境而轉移，一般而言，不同的時代環境，就會有不同的主題。然而，基於「人同此心、心同此理」的通則，加以歸納，便可異中求同，找出超越時空的共同主題:

望治之心，古今皆然

在政治思想史中，「治」與「亂」的問題，即如何結束紛亂而

達成治道，始終是思想家共同關注的主題。柏拉圖著〈理想國〉，顯然即是著意於此。他之所以主張共產公妻，無非是要斷絕治國者的私欲，造就合於公道的「哲君」，惟其如此，才能成全一切的正義與善德，否則，上下交征利，舉世滔滔，皆不能免於罪惡與紛亂，太平是永無指望的。及至晚年，柏氏鬱鬱不得志，政治思想乃趨於保守和悲觀，遂擱置寄望「哲君」以德化人的論調，在〈法律篇〉中，設定一般的法律規範，維繫政治社會的安寧與秩序。在價值觀上，似傾向於以「普遍之善」(universal good) 取代「最高之善」(highest good)。氏之政治哲學雖有如此巨大的轉變，但其中心思想仍然不外乎袪除罪惡與紛亂，以追求國泰民安的治道。

　　檢視古希臘的政治思想，蘇格拉底與柏拉圖跟「哲人派」(Sophist) 之間關於何謂正義的爭辯；以及後來亞里斯多德對柏拉圖〈理想國〉的批評，歸根究底，莫不直接間接地指涉「治」與「亂」的主題。

　　審察我國先秦的政治思想，其中與柏拉圖「哲君」之說有異曲同工之妙者，當推儒家所標榜的仁政，即期待聖君賢相以撥亂反正。在這個備受各方關切的命題上，引發了「百家爭鳴」的風潮，孔子的言必稱堯舜，曾遭致法家巨擘韓非的批判，略謂要撥亂反正，聖君賢相不可恃，可恃者不外乎「法」與「勢」，其言曰：「堯、舜、桀、紂千世而一出……抱法處勢則治，背法去勢則亂。今廢勢背法以待堯舜，堯舜至乃治，是千世亂而一治也。抱法處勢以待桀紂，桀紂至乃亂，是千世治而一亂也。」至於老莊則是獨樹一幟，其理念與儒、法迥異，老子講求「無為而治」，倡議「掊斗折衡，而民不爭」；莊子〈逍遙〉篇，可說是最徹底的個人主義，所謂「與其譽堯而非桀，不如兩忘而化其道」，亦顯現其議論之卓

然不群。老莊思想同為晚周末世之抗議與隱退學說，教人如何在亂世中安頓自己，但由於對「仁義、禮樂、刑法諸術可以為治」之批判，隱約之中，也是微妙地觸及「治」與「亂」這個主題。其餘各家各說亦莫不然。

這麼看來，古希臘或我國先秦的政治思想，其內容雖屬五花八門，但卻有共同的交會之點，那就是如何迴避離亂而歸於太平。

近代如何？或許由於兵凶戰危的風險尤甚，安全與秩序之主題，依然令人憂心，政治思想家總是常相左右而抒發議論，其中最著名者如馬基維利 (Machiavelli)、霍布斯 (Hobbes)、及布丹 (Bodin) 等人，均主張以強有力的權威維持國家主權與政治秩序。相對地，持異見而與之爭辯的思想家，亦不乏其人。

政治思想既是時代與環境的產物，人類在政治生活中的遭遇和感受，古今未盡相同，故上述主題所呈現的張力亦頗有起落。譬如戰亂總是令人惶恐，但由於殺傷力及其禍害不同，對政治思想的衝擊亦有差異。

第二次世界大戰末期，美國以原子彈轟炸日本長崎、廣島，造成幾十萬人傷亡，其時，原子彈的威力，大約相當於兩萬噸黃色炸藥 (T.N.T.)，隨後的若干年間，美蘇均擁有核子武器 (nuclear weapons)，其爆炸威力及於千萬噸級甚至億萬噸級，於是核子戰爭的威脅，毀滅性的陰影，籠罩了全世界，先知先覺者如邱吉爾在英國國會下議院的演說中，曾警告「大戰將導致共同毀滅」(global war would result in mutual annihilation)，在那樣的政治氣候之下，思想界不免受到空前的巨大震撼！當時西方瀰漫一種流行觀念：「讓我們先考慮如何生存」(Let's think first about how to survive)。在存亡絕續的危機之下，政治思想不免遭受政治現實的壓抑。換言之，面對「同歸於盡」的風險，思想家的理想因而失落

光彩。例如《西方哲學史》(*History of Western Philosophy*) 著者羅素原本是一位熱愛自由民主而又滿懷道德勇氣的思想家，晚年有鑒於核子大戰的山雨欲來，乃投身反戰行列而誤觸法網，竟然遭致牢獄之災。後來他的如椽之筆未再充當鼓吹自由民主的號角，反而十分淒厲地發出「寧赤毋死」(rather red than dead) 的呼聲。寧被赤化也不要造成毀滅！此說出於一生標榜自由民主的思想家之口，當然會招致非議，甚至被指摘向共產極權低頭屈膝，晚節不保。其實，他之所以不顧流俗的正義觀而出此警語，無非是提醒反共陣營，切勿爭一時榮辱而甘冒玉石俱焚的凶險！析言之，正因為羅素早已看清共產極權的前景暗淡，自由世界只要「留得青山在」，當可立於不敗之地。

上述案例顯示核子戰爭的威脅，非同等閒，致思想家、政治家、及外交家，很難不承受前所未有的壓力，那種「雖千萬人吾往矣」的氣概，似乎已是不復當年。可見毀滅性危機曾在戰後扣人心弦地成為政治思想的主題。及至大蘇聯瓦解，核戰警報驟然解除，這個主題也就隨著情勢變遷而歸於平淡了。

然而，由於所謂「恐怖平衡」(balance of terror) （邱吉爾之言）的消失，激發了美國的霸主意識，在國際政治上屢屢扮演「世界警察」的角色，不經意之間，成為若干發展中國家的眾矢之的，特別是在紐約遭受恐怖攻擊，以及美國再次發動波灣戰爭、先後出兵阿富汗和伊拉克之後，「恐怖主義」因而快速蔓延，不獨美、英皆以「反恐」為當務之急，且幾已引起舉世惶惶不安！以是之故，縱然不必再為核戰危機憂心，但「人肉炸彈」的陰影，竟然無所不在，無形中剝奪了人們「免於恐懼的自由」（羅斯福之言）。再度印證治亂安危仍舊是政治思想上的主題，亦再度考驗思想家如何尋求對應當前危機的良策。

權力與自由的平衡

人類自從有統治與被統治的關係以來，一方面權威要求服從；另一方面，被治者則希冀少一點管束，多一點自由。在近代的國家體系中，這種緊張關係若隱若現，它可能是政治上擾攘不安的根源，甚至是革命風潮的導火線。

基本上，權力與自由是不協調的，謂其相互衝突亦不為過。如果說，政府的存在是必要的，也是不得不然的，那麼，人民便不能自外於政治，權威也就像天羅地網，無所不在，這對於芸芸眾生而言，彷彿是萬分無奈的不如意事，然則無政府如何？人人無所羈絆，豈不快哉！盧梭 (Jean Jacques Rousseau) 早期的作品曾歌頌「天然的自由」(natural liberty)，猶如魚在水中，悠游自在！但那只是嘲弄文明社會的諷世之作，所謂天然自由，不過是一種浪漫的想像；霍布斯 (Thomas Hobbes) 有感於實際政治中的動亂不已，乃推想洪荒之世的「自然狀態」(state of nature)，必定是人相為戰的恐怖狀態，在欠缺安全感 (sense of security) 的處境中，人心惶惶，疑忌重重，不得不為自保而自由行動，其結果是人人自危。解救之道，唯有授權並服從主權者，收拾殘局，結束紛亂。問題是為安全和秩序，任由權力約束自由，似乎並不圓滿。

盧梭的《社約論》對於如何解決權力與自由顧此失彼的難題，提出答案，那就是建構所謂「全意志」(general will) 以紓解之。即設想權力來之於「全意志」，「全意志」者，係由人人參加及參加者皆本乎公道凝聚而成，人民服從權力，即是服從「全意志」，而一己之意志即在其中，故服從並無屈辱之感，乃得以保全自由。

固然，此說不無爭議，惟自十八世紀以來，思想界承盧梭學說之餘緒，不斷為權力與自由的平衡問題而耗費心血，批判絕對

權力者有之，排斥放縱的自由者亦有之，其間的學術思想不絕如縷。按盧梭的「全意志」學說，似乎在理論上協調了自由與權力之間的衝突，顯現其才氣不俗而又煞費苦心。惟盧梭所創設的名詞和邏輯，不免流於虛玄與費解。譬如他說，「天然的自由」既是一去不返，不得不在文明社會中追求「文明的自由」(civil liberty)，以是之故，甚且可讓沉迷於欲望及衝動者「被迫而自由」(forced to be free)(*Social Contract*, Book I, Chap. VIII)，諸如此等曲折並欠通達的義理，用以迴護「一家之言」，即服從權威仍可維持完全的自由，畢竟難辭「障眼法」之嫌，委實不易令人折服。

　　筆者以為比較持平或中肯的價值觀，不如借用儒家的中庸之道，特別是亞里斯多德《倫理學》與《政治學》中一以貫之的中道思想，即所謂 "mean and moderation" 的理念。亞氏往往稱許之為「黃金的中庸」(golden mean)。析言之，權力與自由，皆不宜任其趨於極端 (extreme)，而是應尋求得其「中」的境界（可參閱亞里斯多德的中庸哲學部份），否則，若各如脫韁之馬，必然貽禍無窮！近世政治發展的經驗，在在可資印證，例如政治立場的保守 (conservative)，顯示對現實與過往的留戀，本屬無可厚非，但如一味的退縮而流於反動 (reactionary)，則害莫大焉。相反地，自由的 (liberal) 立場，意謂開明而又進取，惟如趨於過激 (radical)，或將衍生革命的 (revolutionary) 風波。

　　當今之世，民主的潮流趨勢，政治上面對權力與自由難以兩全的壓力，似已逐漸體認容忍 (toleration) 和讓步或折衷 (compromise) 的重要性。審察近代的民權運動，為自由而獻身的人，在「不自由毋寧死」的號召之下，往往因激情而忽略容忍。英國思想家柏克 (Edmund Burke) 原先對於標榜「自由、平等、博愛」的法國 1789 年大革命深表同情，可是後來當他洞悉革命黨人雖高唱「自

由」口號，但卻欠缺容忍精神，甚至十分偏激地斬除異己，可說是自由其名，暴虐其實。柏克乃於翌年 (1790) 發表《對法國大革命的反應》(*Reflections on Revolution in France*) 一書，轉而對法國革命持抗議的態度，這位思想家以仁恕之心排斥自由流於放縱的嚴正批判，堪稱爭取自由不可有虧於容忍的歷史見證。

近世政治理論的分權學說，奠定了「憲政主義」(constitutionalism) 的根基，戰後憲法大多設定權力制衡 (check and balance of power) 的規範，表面上似已造就了「有限政府」(limited government) 和為民所治 (by the people) 的格局，可是政黨及政治人物往往陽奉陰違，黨同伐異者有之，玩法弄權者亦有之。致政治社會中，在在都是黨派之爭，及意識形態之爭，人民在切割與操弄之下，亦隨之而壁壘分明，幾皆失卻自由意志。英儒范諾 (S. E. Finer) 著《仇敵政治》(*Adversary Politics*) 一書，對此危機刻畫至深，考其寓意，無非是諷示政界，民主政治貴乎「和而不同」，容忍與讓步實為其命脈所繫。若權力果能因而有所節制，「仇敵政治」自能逐步化解，則自由與民主亦可望抖落暴戾之氣，不走偏鋒。則無形中抒解了自由與權力的緊張關係。

五、研究政治思想的價值

一般而言，在政治社會中，人們往往有反政治思想或反政治哲學的傾向，總覺得政治思想高不可攀，而哲學層次流於虛玄，街談巷議，千篇一律的口頭禪：理論與實際是兩回事；書生之見可說是百無一用。誠然，思想家的議論洋洋灑灑，大多陳義過高，彷彿無補於事，至少是很難立竿見影的，故常遭世人冷眼看待。

論者嘗謂政治思想乃不祥之物，隱喻其為變局之象徵也。當

權在位者常視「處士橫議」如寇讎，蓋眾說紛紜，足以衍生政治風潮，遂百般阻卻，於是一般人亦疑而忌之，敬而遠之。這種似是而非的認知，顯然已積非成是。長久以來，恐怕是政治思想在學術上有地位在世俗中無身價的主要原因。其實，政治思想與實際政治並非老死不相往來，實際政治中的政治制度、政治人物、政治勢力、及政治現象等，皆為政治思想的內涵，並直接間接地啟迪或激發了政治思想。另一方面，政治思想亦可為陷入困境的實際政治找尋出路，不啻是黑暗中的燈塔，荒漠中的甘泉。

　　歷史上許多偉大的政治思想，總是能讓風雨飄搖中的時代環境峰迴路轉，絕處逢生。由此可見，政治思想家實具有開創時代和扭轉乾坤的力量，其言論與思想，無形無聲，看似飢不可食，寒不可衣，惟一旦引起共鳴，匯集為主流思想，一呼百應，其威力或有甚於千軍萬馬，沛然莫之能禦。拿破崙謙稱他不過是盧梭的臣僕，那或許是這位獨裁藉盧梭之名以自抬身價，但亦並非浮誇之辭，他以服膺《社約論》的理念為藉口，以強化其所作所為的正當性，推敲箇中義理，還是見得出政治思想的妙用，不可等閒視之。

　　歸納我人讀歷史在欣賞「英雄造時勢」或「時勢造英雄」之際，也該領會時勢和英雄的背後，多少思想家付出了心血？那似乎渺茫的政治思想，風雲際會，卻能點石成金，變作造就時勢和英雄的神奇動力。至於有人說政治思想為不祥之物，甚至說它是禍亂的根源，這顯然係解釋上的差誤所致。其實，不祥者並非政治思想的本身，而是指政治思想總是與動盪不安結伴而來，乃謂其不祥，已如上述。又指摘政治思想所反應的「百家爭鳴」，足以導致紛亂云云，識者不難分辨這是倒果為因的說詞，按時局變亂與民生疾苦，自然會引發憂國之士的議論，以期對症下藥，尋求

如何解救的良策。乍看之下，各家各說的爭論不休，豈非亂象？殊不知這只是「愈辯愈明」的過程，思想家或哲學家並無政治野心，其所以如春蠶吐絲，提供心血結晶，目的是止息紛亂，而非製造紛亂，怎可視為亂源禍首？

已如前述，不論是筆之於書的政治思想，抑或不見經傳而在民間流傳的政治思想，都是基於人的理性及時代環境的激盪而產生。所謂人的理性，最顯著者，乃是表現在系統的思考 (systematic consideration) 方面，並將思考的心得，薪傳不絕，這是人之所以異於禽獸的特點之一。易言之，人類政治生活的不平凡處，即在於有政治思想，故政治思想史實為人類文明最珍貴的記錄。蓋論者嘗謂「歷史是過去的政治」，古往今來，世代興衰成敗的痕跡，俱為政治思想的素材，思想家宏觀巨視，常以歷史教訓為借鏡，標榜先王之道，期勉為政者取法乎上，孔子作春秋，即是一例；又宋朝王安石變法，其興革理念實淵源於古制。這種在政治思想上因「溫故知新」或「推陳出新」而大放異彩者，並不限於中土，在西洋亦比比皆然。近世分權與制衡理論得之於孟德斯鳩 (Baron de Montesquieu)，乃人所共知，其實，在孟氏之前，英國光榮革命時期的洛克 (John Locke)，業已提出分權（行政、立法、外交）與制衡原則。嚴格的說，洛克亦並非「言人之未言」，因為早在古羅馬的共和時代，《羅馬史》(*History of Rome*) 作者鮑里壁厄斯 (Polybius) 即已著墨於此，氏詮釋共和時代之所以大有作為，實由於執政官、元老院、及平民會議三者之間的分權與制衡使然。而其人提出之「政體循環」理論，字裡行間，似承襲柏拉圖「政體腐化過程」之餘緒；又其所謂「混合政體」(mixed constitution) 也者，顯然係假借柏拉圖與亞里斯多德作品中的相同名詞。

綜上所述，可見政治思想的時間與空間是無邊無際的，一代

的人物思想，固然可能具有前無古人的創意，但思想史上始終綿延的傳承關係，才是政治思想的源頭活水，而人類政治社會的生機在其中矣。

　　有人說，「文章不與政事同」，書生之見，大多空言無補，迂闊的政治哲學，亦渺不可期或遙不可及，並不能解決眼前的迫切問題，這或許是傾向反知而寧願憑藉威脅利誘以遂其權謀的根本原因。舉目望去，政治人物慣於因利乘便，凡事不求甚解，在認知上囿於流俗之見，膚淺而又短視，尤以熱衷於民主選舉、操弄「民粹」者為然。久而久之，勢必有計謀而無思想，格局如此，便不自覺地淪為無知政客。易言之，為政者若疏離理論政治，欠缺思辨能力，也就無從體察政治智慧的境界，其結果，縱然並沒有作壞事的居心，亦必往下沉淪，非愚即妄，甚至誤盡蒼生！這中間蘊含的哲理，足為不學而衹玩弄權謀者戒，亦可反映政治思想的價值。

　　政治研究的難題甚多，不勝枚舉。其中最為令人困惑的礙難之一，乃是政治名詞 (political terms) 的混亂，因而衍生難以估算的差誤和紛擾，特別是古已有之而至今猶在的政治名詞，由於時過境遷，致其含義大相逕庭，譬如正義、自由、民主、帝國主義等詞彙，常被濫用或誤用 (much used and much abused)，以至於爭議不斷、不獨在學術研究上認知偏差，並足以造成政治行為謬誤的導向，貽害匪淺！

　　按政治名詞係政治思想的符號，隨著時代環境的推移而變化多端。也就是說，不同的時間空間往往賦予同一個符號的不同含義，故在認知上不可望文生義或率由舊章，而是應追本窮源，廓清其來龍去脈，自可有助於對政治名詞的正確認識和領會。前代的政治名詞，經歷思想家的論辯，便是豐饒的資產，對後世相關

的爭議，必有解惑的作用。諸如柏拉圖、亞里斯多德、奧古斯丁、阿奎那、霍布斯、洛克、盧梭、康德、及約翰‧彌爾等大思想家的著作，皆為經典寶藏，不僅顯現各別時代的思想風貌，且皆具有惹人遐思的意境。透過對歷史的解釋 (interpretation of history) 當可汲取經驗與智慧，則因人事滄桑所造成的隔閡和誤解，當可獲得澄清。

　　竊嘗思之，思想家的所思所言，並不皆以宣洩一代的心聲為限，柏拉圖的〈理想國〉雖屬不同凡響，但顯然不為當世所知，我國孔子亦有類似遭遇，這兩位鬱鬱不得志的大思想家，皆因曲高和寡，其有生之年，未見耕耘所得的繁花碩果，惟不平凡的哲思與理念，均永垂典範，為後世所宗法，影響極為深遠。有人說，「自古聖賢皆寂寞」，或可作一註解，寂寞的是一時而非千秋。

　　政治思想是世代相傳的，後之視今亦猶今之視昔。引申的說，過往的政治思想跟現今的實際政治脈絡相通。如果「鑑往知來」之說有可取的地方，則思想史的教訓，政治哲學所啟示的政治智慧，或可作為解析現實中政治問題的寶鑰。至少，前代哲人對治亂興衰的感慨，後世理當引為警惕，方不致如杜牧所云：「秦人不暇自哀，而後人哀之，後人哀之而不鑑之，亦使後人而復哀後人也」。

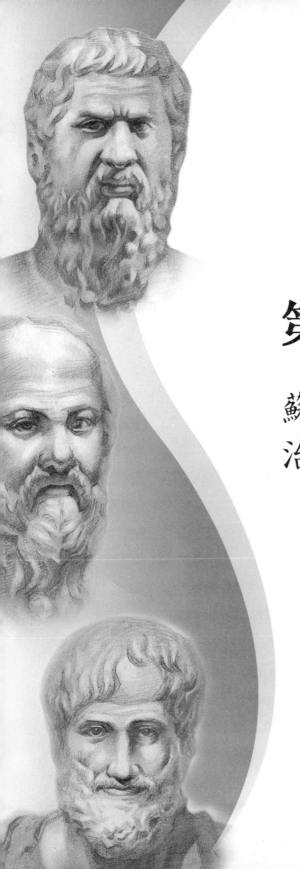

第貳篇

蘇格拉底在西洋政
治思想史上的地位

一、生平與境遇

　　蘇格拉底在西洋政治思想史上的地位，極為奇妙。其人原本是與政治疏離的哲學家，然而，在遭遇政治迫害之後，彷彿迫使他不再單純是哲學家了。可見其歷史地位並非本身所締造，而是得之於風雲際會，可謂「無心插柳柳成蔭」；當然，門人弟子的傳述與表彰，尤其是柏拉圖的如椽之筆，亦乘勢抬舉這位非政治的哲學家，在政治思想史上造就了不朽的名聲！因而論者多謂我人所知者，與其說是歷史上的蘇格拉底，還不如說是柏拉圖的蘇格拉底 (Platonic Socrates)❶，更由於柏拉圖在極大部份的著作中與蘇格拉底成為同一化身，或可說是藉蘇格拉底之口抒發議論，這麼一來，此二人思想理念的分際如何？易言之，在政治思想史上，究應如何看待蘇格拉底，值得探討

　　蘇格拉底並無任何著作傳世，故論及其人不免諸多爭議。嚴格的說，此一傳奇人物，生之年不可考，死於紀元前 399 年，享年七十歲❷。掇拾相關文獻所獲得的印象，蘇氏是一位特立獨行

---

❶ C. C. W. Taylor, *Socrates*, Oxford University Press, 1998, pp. 41–42；
又見：Richard H. Popkin (ed.), *The Columbia History of Western Philosophy*, Columbia University Press, New York, 1999, pp. 33–35.
歷史上的蘇格拉底究屬如何始終成謎，雖然，有人認為（如英國學者 Bertrand Russell 等人）則諾芬 (Xenophon) 所言較為可信，惟一般的看法，總覺得其人之才識遠遜於柏拉圖，加之，在〈理想國〉對話中，蘇、柏幾為同一化身，特別在蘇氏死後，柏拉圖所刻劃之教訓更深入人心，故則諾芬不免受到有意的忽略。

❷ Thomas C. Brickhouse and Nicholas D. Smith, *Socrates on Trial*, Princeton University Press, Princeton, New Jersey, 1990, p. 13. 著者注

的狂狷之士，其貌不揚，又不修邊幅，甚至慣於赤足行走，旁若無人，亦不介意冷暖飢渴，他常留連路邊樹下，獨自沉思，幾於忘我境界；或出沒雅典街坊，找人談論哲學話題，喋喋不休，路人為之側目，甚或望風走避。

以身殉道令人景仰

蘇格拉底述而不作，又不具有「道貌岸然」的聖者形象，其德望何以能名垂青史？耐人尋思，若謂因其飽學之故，似又未必，我人以為他服膺所崇尚的理念而視死如歸，才是重點。歷史上不知有多少哲學家或思想家，著書立說，寫下許多冠冕堂皇的大道理，用以教訓別人，而自己卻不在教訓之中，蘇氏則不然，他所講的學問或哲理，諸如何謂正義 (justice)？何謂道德 (virtue)？何謂勇敢 (courage)？似乎在浩瀚之中不著邊際，但後來在面對審判並被處死之際，其友人雖曾獻計不如逃脫以迴避不義之誣陷，而臨危不懼的蘇格拉底，卻選擇了從容赴義，此一以身殉道的行為，不啻以生命見證了他平素言之諄諄的義理，這自然成為歷史上極其感人的篇章。

由此可見，蘇格拉底的一生，所思所言，還看不出有多麼偉大，其所以「流芳百世」者，實由於一代哲人被迫害而死，及其慷慨赴義所表現的氣概，讓人領受夫子之道並非空言。易言之，其人之不朽，乃由於人格上與德行上不同凡響的感召力使然。

另一不可忽略的因素，顯然也與其門人柏拉圖〈理想國〉巨

曰：At Apology 17d2–3, Socrates says he is seventy years old，如自蘇氏被判處死刑之年 399 B.C. 推算，其出生年應為 469 B.C. 或 470 B.C.。筆者贊同 C. C. Taylor 的看法，對蘇氏生於何年之考證，無甚意義。

著的傳世密切相關，最值得注意的，在蘇格拉底死後，〈理想國〉對話中以蘇氏之名所揭示的正義觀格外義正詞嚴；同時，亦更為暴露雅典民主政體有其愚昧和偏差，這一點，由於柏拉圖的強烈反應，無形中填補了蘇氏在政治思想上的空白。所以泰勒 (C. C. Taylor) 說，蘇格拉底之死，使柏拉圖幾乎從哲學家轉變為政治家❸，此言之見解最為精闢。

智慧的象徵

蘇格拉底之名，常被看作智慧的象徵，也是他在西方哲學史上成為傳奇人物的另一緣由。雖然，蘇氏總是嚴謹而又謙卑，從不承認自己是智者，只說他不過是一個卑微地追求真理的人 (a humble search for truth)；有時語帶戲謔流露深不可測的玄機，譬如若說他有高人一等的智慧，那只是因為他知道他是多麼無知，又如「未經檢視和考驗的生命是不值得活的。」❹此等話語，最能刻畫這一位好學深思的哲學家之超凡脫俗。

的確，蘇格拉底在追求知識和探索哲理的過程中，他所扮演的角色，始終不作為導師 (teacher)，而是只充當發問的人 (enquir-er)，例如在何謂正義的爭辯中，蘇氏從未提出所謂正確答案，祇是窮追不捨的詰問，然後以凌厲的言詞反駁對手，一味批評而不

---

❸　C. C. W. Taylor, *Socrates*，其有言曰："...the death of Socrates, Plato would probably have become a statesman rather than a philosopher." 見前言部份。論者亦有謂蘇格拉底之所以名垂千古，實以其人以身殉道之故。*The Cambridge Companion to Plato*, edited by Richard Kraut, Cambridge University Press, 1999, p. 1.

❹　*Great Thinkers of the Western World*, edited by Ian P. McGreal, Harper Collins Publishers, 1992, p. 23.

作結論，似乎刻意留下「言外之意」的思辨空間，這或許便是他畢生謙遜地尋求真理的態度與方法。有人說，他之所以只「問」不「答」，實因他對問題的答案亦甚茫然之故❺。這算是另類臆測，有此一說，對於平生不自以為是的蘇格拉底而言，想必不會介意。

儘管蘇格拉底謙稱他對科學一竅不通❻，但其另一門人則諾芬在 "Memorabilia" 中標榜師門對天文地理無所不知（曾言及蘇氏對幾何學、天文學等皆甚通曉，並常以物理學印證人文哲理云云），惟則諾芬所言，論證不足，不無溢美之嫌，不若亞里斯多德言之鑿鑿，謂蘇氏對科學雖有涉獵，但後來全然放棄，而著意於倫理學 (ethics) 的講述。此一爭議，似以後者所言較為可信，亦從而可見蘇氏治學之嚴謹，頗具孔子所云「知之為知之，不知為不知，是知也」的風格。

近世學者大多讚許蘇格拉底總是運用科學方法 (scientific method) 談論正義與真理❼，此說顯然只是強調其「問」與「答」

---

❺ Richard Kraut, op. cit., pp. 122–123. 亦有人詮釋云：「蘇格拉底之所以只「問」不「答」，實因他素來不肯輕率作答。」(......never let him get away an easy answer) 參閱 Nalin Ranasinghe, The Soul of Socrates, Cornell University Press, 2000, preface XV.

❻ 蘇格拉底在 "Apology" 中曾有言曰："I have nothing to do with physical speculations." 見：Bertrand Russell, *A History of Western Philosophy*, A Touchstone Book, published by Simon & Schuster, New York, London, Toronto, Sydney, Tokyo, Singapore, Copyright 1945 by Bertrand Russell, 1972 by Edith Russell, p.92.

❼ 一般所謂蘇格拉底善用「科學方法」乃是指「問」、「答」的辯證邏輯，不過，據 Bertrand Russell 的研究，此一方法並非蘇格拉底所發明，而是哲人派創始者 Zeno 肇其端。見 Bertrand Russell, op. cit., p. 93.

的辯證特色，並不涉及是否精通自然科學的爭執。無論如何，古往今來，「蘇格拉底的辯證」(Socratic dialogues) 一詞，流傳於學術界，足以顯見氏長於思辨，則是不爭的特質，而此一特質的本身，即含蘊綿綿不絕的智慧。

蘇氏表達智者品味的另一面向是賤視富貴，那並不限於一種價值觀而已，他在日夕沉浸於追求知識與真理的同時，有兩椿身體力行的作為，當可顯示上述理念之端倪，其一，對於清寒的生活，甘之如飴，常年穿著破舊衣履，不理會世俗眼光的蔑視；其二，人雖貧困，但傳授知識卻不取分文，這與當時教人技藝或方策而從中牟利的哲人派 (Sophist) 成強烈對比。其所以如此，並非沽名釣譽，只不過是踐履他的人生哲學，在 "Apology" 中曾諄諄告誡，人的幸福不可依恃身外之物 (external goods)，因為財富、權位、與榮耀，轉眼成空，遠不如清風明月及山林流水之得以永恆，此等思維，在在表露蘇氏如何超然物外，清簡自得，並具有深層地洞悉人生意義的智慧。希臘末期斯多亞派 (Stoics)「視富貴如浮雲」的教訓，以及後來西方世界特別是基督教箴言「一個人得到全世界卻失去他的靈魂，有何好處?」不過是蘇格拉底思想的延伸而已。

二、蘇格拉底與哲人派的爭辯

依據柏拉圖〈理想國〉的對話錄，蘇格拉底與哲人派的爭辯，大致環繞「何謂正義」這個主題。所謂哲人派，或因其足智多謀而得名，乃是指當時一群反傳統和藐視舊有規範的人，他們長於言辭與辯術，在態度上玩世不恭，又被稱為詭辯派或懷疑論者，其共同點則是傳授所知所長以換取薪資。或許由於雅典的「談」

風很盛，民主選舉頻繁，講求修辭學與雄辯術的哲人派，乃有機可乘，亦有利可圖，故貶之者謂其巧言令色，不過是江湖賣藝之流。按照蘇格拉底和柏拉圖的標準，哲人派不能算是真正的哲學家 (true philosopher) ❽。近世學者亦多遵循此說，視哲人派為一種行業 (profession)，而不是哲學上的門派，其侃侃而談者，不過是一些觀點 (point of view)，並非放之四海皆準的理論或通則。

　　哲人派中帶動風潮的主要人物首推普羅塔哥拉氏 (Protagoras)，他從根本上否定人要恭謹地服膺天道及神聖的教訓，乃提出「人為萬事萬物的準繩」(man is the measure of all things) 之說 ❾，這句話看似尋常，卻隱含革命性的意義，因為它乃是對使人淪為附庸的權威之背叛，也必然會挑戰蘇格拉底的正義觀。所謂「人以為怎麼樣便怎麼樣」(of things that are, that they are)，「人以為不怎麼樣便不怎麼樣」(of things that are not, that they are not)。顯然是要肯定人的自主地位，也就無形中否定了蘇格拉底強調的正義之基本原則 (fundamental principle of justice) 與不變的行為準則 (fixed rules of conduct)。蘇氏曾對普羅塔哥拉氏作語帶諷嘲的批評：假設任何人皆自作主張，無所謂對錯，不以別人的經驗為借鏡，豈非人人皆可自以為是？這難道就是普羅塔哥拉氏的智慧？他大概就是基於一己的評量，以為他最適合作為別人的教師，從

---

❽　San Sayers, *Plato's Republic: An Introduction*, Edinburgh University Press, 1999, pp. 12–15.

❾　Sophist 對普羅塔哥拉氏教訓的解釋或註釋曰："Nobody can tell you what is real or true －no stat official, no parent, and no god." 見：Sarah B. Pomeroy, Stanley M. Burstein, Walter Donlan, Jennfer Tolbert Robert, *Ancient Greece, A Political, Social, and Cultural History*, New York, Oxford, 1999, p. 271.

而取得豐厚的報酬。我們卻這般愚昧地以為必須求教於他，到頭來，我們是否亦可憑己意去評量他的智慧呢？ ❿

　　另一位是被稱為懷疑論者的哥奇亞 (Gorgias)，他認為天地間無一物存在，即使存在亦不可知，即使可知亦不可傳❶，此人之議論雖高來高去，未與雅典的主流門派正面交鋒，但在邏輯上已透露反蘇格拉底的訊息。

　　還有一組與蘇格拉底不兩立的哲人派辯士為謝索馬秋 (Thrasymachus) 和卡里克利斯 (Callicles)，前者首先提出驚人的政治議論，即「正義是強者的利益」(justice is the interest of the stronger)，或「並無正義祇有利益」(There is no justice except the interest)，這是與蘇氏激辯時的尖銳言詞；而卡里克利斯亦步趨其後，指摘蘇氏所謂正義為天下之公道及不義終必敗亡的論調，乃是流俗的正義觀，出於衛道之士的想像，並不真實。且以其人之道反唇相譏:「蘇格拉底,此刻你所竭力推崇的正義觀是認真的嗎? 如果你是認真的而且所言屬實，那末，在實際生活領域中，行公道的人就該勝過不義的一方，可是很明顯地，我們所經歷的在在都是適得其反。」❷蘇氏予以嚴詞駁斥，自然不在話下，包括同一化身的柏拉圖亦必以此說為荒謬，蓋〈理想國〉的「哲君」(Philoso-pher-King) 是絕對無私的，豈可為自利而統治? 不過，蘇格拉底詰

---

❿　蘇格拉底對 Protagoras 的批評，引見: G. B. Kerferd, *The Sophistic Movement*, Cambridge University Press, 1981, Reprint 1999, pp. 24, 39.

❶　據泰勒的研判，在柏拉圖的對話中，最具代表性者應推 Protagoras 與 Gorgias，閱: C. C. W. Taylor, op. cit., pp. 41–42.

❷　柏拉圖對話錄 Gorgias (481c)，引見: Gregory Vlastors, *Studies in Greek Philosophy*, Volume II, Socrates, Plato, and Their Tradition, Princeton University Press, 1995. pp. 18–20.

問何謂正義曾經讓薩菲羅 (Cephalus) 與波里馬秋 (Polemachus) 父子難以招架的那一套辯術 ⑬，在面對謝索馬秋和卡里克利斯作正義觀論戰之際，除了搬弄正義如何可貴的大道理外，在打擊對手的氣勢上，似乎陷入為之詞窮的窘境。

　　若問其所以然或何以故，那是因為哲人派係以實際政治「是如何」去衝撞蘇格拉底所言「該如何」的當然之理，「是如何」的態樣雖不體面，但畢竟斑斑可考，足以扣人心弦，相形之下，「該如何」的正義理念，美則美矣，惟顯得高不可攀，或虛玄而不可捉摸。

　　哲人派對蘇格拉底正義觀的無情詆毀，在當時大概會被看作左道旁門的異端，其議論似屬聳人聽聞，但如將時光往後推移，哲人派第二代大可以蘇格拉底之死為例，印證其前輩所言不虛。落實的說，後世政治上弱肉強食的叢林法則，比比皆然，強權即是公理 (might is right) 的現象，已是司空見慣，如今，再來檢視「正義不過是強者的利益」之說，恐怕不失為對實際政治很傳神地寫照。職是之故，吾人以為只以「詭辯」作為哲人派的概括評價，未盡真切，亦有欠公平。平情而論，而希臘思想史上，單憑他們扮演對「正統」的挑戰者而言，就應該占有相當重要的一席之地，試想，在柏拉圖對話錄的場景中，或是在雅典的「談」風中，倘若沒有哲人派的參與，則很難想像思想界會失落幾許光彩。再者，哲人派不僅打破思想上「定於一」進而造就多元化的活力，同時，亦不拘泥於俗尚地激發思辨精神，使之相習成風。由此觀之，將哲人派視為近代啟蒙運動與個人主義的先驅者，似不為過。

　　誠然，哲人派是蘇格拉底的批判者，但也因而凸顯蘇氏正義

⑬　Leo Strauss & Joseph Cropsey, *History of Political Philosophy*, The University Chicago Press, 1987, pp. 36–37.

觀的凜然風範，豈非相映成趣？故不宜將二者對立起來看，論斷
誰是誰非，更何況蘇格拉底思路通達，雄辯滔滔，跟作為對手的
哲人派是無分軒輊的，甚至有人說，在比羅奔尼辛戰爭的中期，
如詢問雅典人「誰是這個國家哲人派的頭號人物？」其答案必然是
蘇格拉底❹，這或許是蘇氏雖與哲人派針鋒相對，但始終不視若
寇讎的緣故吧。

三、知識即道德

　　知識與道德本為不同命題，亦為不同概念。蘇格拉底將知識
與道德作微妙的結合，乍看之下，似甚費解，甚至有欠通達，蓋
一般的認知總以為知識高明的人未必合於道德，德行善良者未必
有大學問，蘇格拉底則辯解云，他所謂的知識 (knowledge)，並非
等閒的一知半解 (opinion)，而是指可明辨是非善惡的真知灼見，
故若果具此種知識，所作所為，必然合於道德。蘇氏以為人的行
為謬誤，實非存心為之，乃是由於無知 (ignorance) 所致，易言之，
人的無知容易導致認知錯誤，或對是非善惡未能明察所致，引申
的說，人往往因愚昧無知而流於衝動，難於駕馭自己 (self-con-
trol)，自然會逾越道德規範。

　　按照蘇格拉底的詮釋，沒有人有了明智的和正確的判斷還會
犯錯，其所以犯錯，大多是由於粗淺地以為或誤以為是美好的事
而沉迷其中，所以這仍然是因欠缺知識而造成的問題。此種將道
德與知識融為一體，或以知識主宰是非善惡的思維，學界稱之為
「蘇格拉底的知識主義」(Socratic intellectualism)❺。

---

❹　Grote, *History of Greece*, Vol. 8, Everyman ed., London, 1906, p 315.
　　引見：Gregory Vlastors, op. cit., p. 23.

　　對於知識即道德之說，亞里斯多德在〈倫理學〉中有所批評，主要是說此一認識論與經驗不盡相合。蓋人的不義行為，並非全由無知使然，譬如不理性所產生的罪惡，便很難歸咎於知識層面 ⑯。亞氏並進一步批評知識指引道德的說法，過於籠統，揆諸實際，行為者自我控制的能力是有限的，即使假設認知全無問題，亦難免犯錯或作惡，如廣為徵詢意見，在義或不義、道德或不道德、以及勇敢或懦弱之間，如何取捨，大概無人會作錯誤選項，然而，事實上，其結果因一時衝動而造成悔恨的還是不乏其人。依循亞氏的觀點，人之行為好壞與善惡，並非完全出於自主，知識與理性亦可能受限於環境，在某種情況下，人是不自由的，如何只倚仗卓越的知識即能擁有或保障善德？故亞里斯多德批評蘇格拉底的知識即道之說，不免流於原始的決定論 (primitively deterministic) ⑰。

　　亞里斯多德的批評，不失為持平之論。然而，若進一步剖析蘇格拉底知識論之所以流露「決定論」色彩，則須回頭來檢視他賦予「知識」一詞的概念，顯然與一般人以至於評論者的理解大異其趣，蘇氏所謂的「知識」，其作用可說是近乎神奇的境界，它不僅是成大功立大業的寶鑰，同時也可以讓人具有睿智和碩德，所以它是通達天人的至善。基於這般的體認，故蘇格拉底有言：

---

⑮　Charles H. Kahn, *Plato and the Socratic Dialogue, The Philosophical use of a Literary Form*, Cambridge University Press, 1996, p. 73.

⑯　Aristotle, *Ethics*, Vol. VII (EN 1145b25)，引見：W. K. C. Guthrie, *Socrates*, Cambridge University Press, 1971, reprinted 1977, '79, '84, '86, '90, '92, '94, '97, 2000. p. 133.

⑰　Ibid., p. 140. 參閱：Gregory Vlastors, *Socrates, Ironist and Moral Philosopher*, pp. 96–97.

「靈魂是唯一值得救贖的，而唯一的救贖之道，就是增進知識」(to acquire knowledge) ❶。他在臨死之前仍然深信：「壞事不會發生在有知識的好人身上」，就以此一說詞為線索，近人范雷司徒 (Gregory Vlastors) 運用辯證邏輯作尖銳的批判：「有知識的好人何以還是免不了壞事臨頭，難道因為他（指蘇格拉底）沒有知識嗎？」❶ 就一般的理則而言，彷彿一針見血地破解了知識必可免除壞事與厄運的命題，不過，若依循「其人之道」去考量，當可領會蘇格拉底或許並不認為他的死是壞事，因為那將更能彰顯其所信守的道理，亦更能感召世人認識何謂道德？何謂正義？何謂勇敢？及何謂智慧？故蘇氏曾有言曰：「焉知死亡不是至善之事？」他亦曾設想死亡是「無夢的睡眠」(a dreamless sleep)，或前往「另一個世界的旅行」(a journey to another world)，又說：「如死得其所，若因而能與赫胥德 (Hasiod) 及荷馬 (Homer) 相晤談，那該是多麼美妙！」果如此，「就請讓我一死再死吧！」(Nay, if this is true, let me die again and again) 故他總結云：人生難事，不在於從容赴死，而是在於警覺並迴避不義 ❷。由是觀之，此一以蘇格拉底自身遭遇為見證的批判，似並未搖撼其「知識即道德」的信念。

　　平允的說，蘇格拉底的知識論，若就近世學界所謂知識的概念來衡度，對於蘇氏以知識與道德相等同甚至倚仗知識救贖靈魂之說，恐怕很難說得過去，亦很難讓人認同，但如基於同情的瞭

---

❶　同 ⓬, p. 8.

❶　Ibid.

❷　Frank N. Magill, Editor, Introduction by John Rooh, *Masterpieces of World Philosopher*, Harper Collins Publishers, 1990, p. 40. 據該書引述將近一百位世界知名哲學家曾對蘇格拉底所言 "no one knows whether death may be the quite good" 作分析解釋。

解，體察這位古代哲學家的心血，他信奉知識如神明，乃刻意擴張其意涵的領域，俾於相關課題的理念一以貫之，並視為從而登堂入室的不二法門。有鑒於此，如放下界說的爭執，不妨把蘇格拉底的知識論看作一種見解，看作哲學上獨樹一幟的理論，則讀者或批評者心中的疑惑，自可釋然消解。

四、哲學理念中的政治意涵

嚴格的說，蘇格拉底從未介入政治領域，但這並不表示蘇氏沒有政治思想。如果研析相關的言論，從間接的、暗示的、或一些弦外之音去領會，還是可以找出這位哲學家「隱而不顯」的政治思想的風貌。

一般的印象，蘇格拉底對政治毫無興趣。總的來說，他對政治的態度是相當消極的，由於蘇氏的人生觀素來澹泊，認為政治人物熱衷於權位、令譽、及財富的追逐，足以腐蝕純潔的靈魂，是不潔不義的。如此思維，自然會鄙視厭惡是不難想見的[21]。至於雅典的民主政體，顯然跟蘇格拉底的哲學格格不入，因為在那種體制下，自由民或公民在知識上、德行上無分高低，皆可平等地分享民權與政治職位，例如相當於中央民意機關的「五百人會議」(The Council of Five Hundred) 成員的產生，便是以抽籤 (by lot) 決定的[22]。也就是說，所有的公民，不問聰明才智如何，均得以

---

[21] Nalin Ranasinghe, *The Soul of Socrates*, Cornell University Press, 2000, Preface.

[22] *The Oxford Classical Dictionary*, 3rd edition, edited by Simon Hornblower and Antony Spawforth, Oxford, New York, Oxford University Press, 1996, pp. 425, 1425. 參閱 M. P. Hansen, *The Athenian Democ-*

問政或決策，在蘇氏看來，那是無知的，甚至是極其愚昧和荒唐的，難怪他曾為一己未涉足政治而深感慶幸，有感而發的說：「假如我在多年之前介入政治，恐怕我早就被毀了……這年頭，在雅典或是這個國度的任何地方，為抱不平或抗拒不義挺身而出的人，很難苟全性命」❷❸。這幾句話，不啻是蘇格拉底個人結局的預言，他的遭遇似乎更為嚴峻，因為他並未在政治上行俠仗義，結果還是莫名其妙的被毀了，其罪名竟然是妖言惑眾，腐化青年，以及不認同國家所信奉的神明❷❹。充分顯示其為「欲加之罪」，而全案的過程所呈現的浮誇、虛妄、和蠻橫，可說是極其不義的，與蘇格拉底的教訓背道而馳。面對如此迫害，氏雖視死如歸，但仍然忍不住要斥責「集體審判」(collective trial) 的無知與荒謬❷❺。可見蘇格拉底的下獄與死難，充分說明他的理念不能見容於雅典當局，換言之，蘇氏在思想上隱含強烈排斥雅典民主政治的色彩，致為當道所不容。

五、結　語

蘇格拉底是西洋哲學史上一位奇特的人物，畢生為追求正義和真理而摩頂放踵，雖無著作傳世，但其教訓卻永垂青史，他確

---

racy in the Age of Demosthenes, 1991, p. 36.

❷❸　Gregory Vlastors, op. cit., p. 24 引自 Platonic Apology (31d).

❷❹　Mark L. Mcpherran, *The Religion of Socrates*, The Pennsylvania State University Press, 1949, first paperback edition, 1999, pp. 85–86. 另有一項罪名為 making the weaker argument defeat the stronger，並將此道傳授別人云云。

❷❺　*Classical Philosophy*, edited by Terence Irwin, Oxford University Press, 1999, p. 352.

信真知灼見可明辨是非，不義和惡行足以毀壞靈魂，最為難能可貴的是他堅守此等信念和理想，至死弗渝。這種「貧賤不能移，威武不能屈」的情操，委實具有典範意義。

蘇格拉底之死，留下了爭議，也留下了深刻的啟示。有人說，他既謂控罪不義 (unjust)，為何甘願領受？亦有人質疑，蘇氏臨死之前仍執迷不悟，篤信「壞事不會降臨有知識的好人身上」，其結果自己卻是被惡運吞噬，他難道是沒有知識？

已如前述，筆者嘗謂問題的關鍵在於蘇格拉底或許不認為他的死是壞事，如果他的死更能彰顯其所標榜之理念，豈非求仁得仁？這麼說，並非出於臆斷，蓋蘇氏之所以坦然面對死亡而無所懼，其實就是在踐履他服膺的道理，這一點，可從他對獻逃亡之策的好友克雷圖 (Crito) 所講的一番話中，察其梗概，大意是說：「你的盛情可感！走為上策云云，還須有正當性相伴隨，故恕難從命，生死關頭，吾人仍應考量該與不該的問題，因為我爭千秋而非一時 (for I am not only now by always)，我人向來以明辨大是大非為至善，此刻豈可臨難苟免，將從不違背的信條擱置一旁。」[26]且在對庭上提出的抗辯中亦有言道：「不論你們如何污衊，縱然讓我死一千次 (though I were to die a thousand death)，我也不會改變我素來奉行的道理」[27]這種「爭千秋而非一時」及寧死一千次亦不動搖素志的磅礴氣節，何其感人並發人深省！留給後世永無窮盡的啟示。

總之，蘇格拉底本是與世無爭的哲學家，他在政治思想上的地位，可說是在「無心插柳柳成蔭」。當然，其門人柏拉圖政治思

---

[26]　G. B. Kerferd, op. cit., p. 102.

[27]　F. M. Cornford, *Before and After Socrates*, Cambridge University Press, first published 1932, reprinted 1950...1999, p. 35.

想光環的輝映，也是重要原因。反過來說，柏拉圖之所以在若干篇對話中（除法律篇外）借用蘇格拉底名號，無非是要標榜師徒二人正義觀之不可分，並隱然有強化其理念之權威性的意味❷。有鑒於此，吾人或可作這般的邏輯思考，如將蘇格拉底對柏拉圖的影響排除在外，則柏拉圖的〈理想國〉甚至整個西洋古代思想史的發展想必也會因而失色。

　　從蘇格拉底在知識與道德上的白璧無瑕，論者多謂他是非政治的，故政治思想史作者往往不予著墨，其實，蘇氏哲學中認識論的相關命題，其政治意涵是相當豐富的，譬如他秉持獨到的認知，曾謂出色的詩人、鞋匠、或馬伕的精巧作為，均合於正義。政治人物若具有卓越的德行與能耐，則理當委以治國的重任，拿這個標準來衡度，恐怕雅典民主政治是不合於正義的，因為只要是公民，皆可當政，不論他們是如何無知或不德，即使玩弄卑劣手段以獲得掌聲與選票，仍然可以宰制人民的命運。

　　蘇格拉底畢生不涉足政治，甚至不談政治。他對雅典民主政治的反應，顯然是道不同不相為謀，因為在他的哲思中，以無知為罪惡，而雅典體制正是衍生無知的淵藪，當然讓他難以認同。譬如他終生堅信事理愈辯愈明，惟前提是在一對一 (one by one) 或與二三人對談的情況下，冷靜為之，若是人多嘴雜，群情譁然，便什麼也講不清楚，則「我欲無言」❷，因而憤然指摘加罪於他

❷　Richard Krant, op. cit.. 其間 Richard Krant 在 "Introduction to the Study of Plato" 一文中對柏拉圖之所以借用蘇格拉底名號有深刻之分析, pp. 5-8。論者或謂柏拉圖之畢生志業 (the whole of Plato's concern) 實與蘇格拉底者不可分割。見 Bryan Magee, *The Great Philosopers*, Oxford University press. First issued as an Oxford University press paperback 1988, reissued 2000, p. 15.

的「集體審判」，謂其不合正義。蘇格拉底雖已置生死於度外，但在有口莫辯之際，仍覺上智橫遭下愚迫害之怨憤難平，乃一改平素從容論道時的謙卑態度，竟以先知的口吻訓斥審判官道：「汝等如此這般地置我於死地，他日汝等將追悔莫及，因為很難有任何人取代我的地位」。這兩句感性的話語，可解讀為不止是對審判臺上幾個人的怨言，更是對那些決定人之生死國之禍福的當權在位者之警語。其實，此言並非突如其來，早在 "Apology" 的談話中，即曾特別關切政治人物是否明智及合於公義，關係重大。其有言曰：「寧為白丁，亦不欲一知半解如彼輩然」。言下透露對當道的忿懣與鄙視，亦所以詮釋政治人物之一知半解，遠較大眾之無知為可慮，恐其遺禍無窮也。

綜觀所謂希臘化時期 (the Hellenistic period)，不獨在城邦政治的盛世中，蘇格拉底被奉為聖者 (as a patron saint)，即使後來從城邦政治退隱的諸多亂世哲學門派，對柏拉圖和亞里斯多德的理念棄若敝屣，但卻爭相表白彼等係淵源於蘇格拉底❸，如 Cynics 不為物役的生活方式，Sceptics 倡言存疑以袪除無知 (ignorance)，以及 Stoics 崇尚無欲但追求道德，足見蘇格拉底影響之深遠。

總結的說，蘇格拉底之死，在西方哲學史上是一大悲劇，對蘇氏個人而言，誠然是求仁得仁，而這位與政治本無淵源的哲學家，在西洋政治思想史上，卻自然而然的獲得崇高的地位，並留下豐富的啟示，以及特有的光彩和芬芳！其中含意，實耐人尋味。

---

❷ Ibid. 其有言曰："...I know how to secure one man's vote, but with the many I will not even enter into discussion." 參閱：Allan Bloom, op. cit., pp. 320–325.

❸ *The Philosophers, Introducing Great Western Thinkers*, edited by Ted Honderich. Oxford University, 1999. p. 12

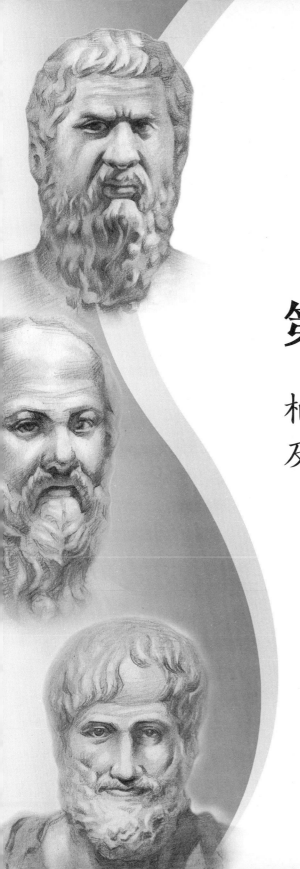

第參篇

柏拉圖
及其〈理想國〉

柏拉圖 (Plato) 在西洋古代哲學史上尤其是政治思想史上，具有開創的卓越地位，特別是〈理想國〉(Republic) 之作，最為輝煌，可謂集政治理想之大成，其影響之深遠，難以估計。

一、生平、與蘇格拉底之間、及著述

㈠生　平

柏拉圖生於 427 年 B.C.，死於 347 年 B.C.，享年八十。

氏出生於權貴之門，父母皆曾在雅典盛世為高官，成為縱橫半世紀的顯赫政治世家。以此之故，論者多將柏氏政治立場的保守，歸結在家世淵源上尋求解釋，這未免過於簡化。不可忽略，但卻常被忽略的乃是時代背景中一個極具影響力的大事件，那就是歷時二十七年 (431–404 B.C.) 的伯羅奔尼興之戰 ❶，這一場大戰可說是驚天地而泣鬼神，其結果是專制王權的斯巴達擊敗民主體制的雅典，這對於正值青年時期的柏拉圖而言，很難無動於衷，也就是說，他在內心中傾向於寡頭統治 (oligarchy) 乃是很自然的事。

在柏拉圖的時代，政治路線可謂涇渭分明，尤以 404 年 B.C. 之後為然。雅典戰敗所衍生的變局，十分動盪不安，先是「三十寡頭」(Thirty Tyrants) 改朝換代的極權統治，對於民主政體的雅典簡直是翻天覆地。按柏氏原先對這番革命風潮曾寄予殷切的期望，甚至有意與當道共謀以正義治國之大計（柏拉圖兩位叔父克里鐵亞斯 (Critias) 與卡密狄斯 (Charmides) 為推翻民主政體的三十寡

---

❶　Thomas R. Martin, *Ancient Greece: From Prehistoric Hellenistic Times*, Yale University Press, New Haven & London, 1996, p. 147.

頭之成員）❷。及至目睹寡頭統治的偏激行徑 (extrem actions)❸，幾至無法無天，於是所懷抱的憧憬遂告幻滅。翌年 (403 B.C.)，民主勢力反撲，暴政覆亡，再度回歸原有體制，但政治並未改觀，亦毫無趨於清明的跡象。這般洶湧的政潮起伏，在在讓柏氏對政治現實大失所望，他曾感歎「所有城邦莫不是一片污濁」❹，因而激發他對理想國的嚮往。當然，氏追隨蘇格拉底沉浸於哲學思辨，更是他在政治思想上提升境界與風品之重要際遇，其所以身逢亂世而不隨波逐流，在政治立場上既未傾倒於極權的斯巴達，亦未依順民主的雅典，這種志慮深沉而又卓然不群的氣質，隱約之間，彷彿流露蘇格拉底的風采，可知從未涉足政治權位的柏拉圖，早年即博得「新政治家」(new Statesman) 的美譽❺，實非偶然。

399 年 B.C.，蘇格拉底之死，凸顯雅典民主政體的無知與顢頇，柏拉圖為之義憤填膺，不免對該政權深惡痛絕，此一事件，論者嘗謂可視為柏氏一生的轉捩點 (This was the turning point in his life)❻，因為事發之後，他幾乎與雅典政治 (Athen politics) 完

❷ *The Great Dialogue: History of Greek Political Thought from Homer to Polybius*, By Donald Kagan [Cornell University], the Tree Press, New York, Collier Macmillian Limited, London, 1965, p.156.

❸ W. K. C. Guthrie, *A History of Greek Philosophy*, IV. Plato: The Man and His Dialogues Earlier Period, Cambridge University Press, 1998, p. 12.

❹ Ibid.

❺ Eric Voegelin, *Plato*, University of Missouri Press, Columbia & London, first University of Missouri Press paperback edition, 2005, p. 5.

❻ Donald Kagan, op. cit., p. 156. 蘇格拉底遇害之際，柏拉圖年方二十八，在此一事件的刺激之下，他原先想在既有的國度中實現理想的

全疏離，轉而著意於政治哲學的研究，〈辯解〉(Apology)、〈克瑞托〉(Crito)、〈哥其亞〉(Gorgias)、〈普羅塔哥拉氏〉(Protagoras)，以及〈理想國〉(Republic) 的大部份，都是那個時期的作品。

　　其後的十數年，柏拉圖藉遊歷（或謂政治避難，亦無不可）以舒解抑鬱並增長見聞，387 年 B.C.，作首次西西里 (Sicily) 之行，讓他大開眼界，由於西西里與南意大利 (Southern Italy) 乃是畢塔哥拉氏學派 (Pythagoreans) 的重鎮，柏氏於訪問中曾與該學派的要人佛勒老氏 (Philolaus) 相遇，其人倡言「數」或「數位關係」(numerial relationship) 之存在，人對宇宙萬物的認知方有可能（按柏氏在相關的對話錄如〈菲鐸〉(Phaedo) 中曾提及此人）❼，這對他後來著述的影響是不可磨滅的，例如〈理想國〉談政治家的教育一節中對術數之學的重視，便是明證。

　　已如前述，蘇格拉底之死，讓柏氏對雅典政治澈底絕望，乃有超越現實的正義國家之想，不過，若謂他就此一意地沉浸於海市蜃樓的理想國，而作為一位空想家，顯然並不真實，蓋柏氏行年四十之際，曾前往西西里小王國西勒庫斯 (Syracuse)，向在位者獻策，希冀將〈理想國〉的理念落實，可是他與國王戴奧尼休斯 (Dionysius) 的會面並不相投，甚至因批評以力服人的專制不合正義而觸怒這位暴君，竟然被鬻為奴，幸得友人搭救，始得以返回

念頭，頓時化為烏有。按當民主人士推翻「三十寡頭」匡復固有體制的過程中，所表現的節制與寬容，柏氏曾有好感，但隨後因蘇格拉底之死而煙消雲散，乃轉而著意於探索崇尚道德情操 (moral principle) 的正義之邦。參閱：Nickolas Pappers, *Plato and the Republic*, Routledge, 1995, p. 6.

❼ *The Cambridge Companion to Early Philosophy*, edited by A. A. Long, Cambridge University Press, 1999, pp. 81–84.

雅典，乃創設書院 (Academy)，引領哲學研究。然而，若認為柏氏就此甘願作一學究，恐怕是想當然耳的誤解，因為他沉潛近二十載，年已六十，但用世之心並未消退，為償夙願又曾兩度前往西勒庫斯❽，惟依舊是夢想破碎，屢經挫折之後，深知此一途徑已不可行，遂潛心於書院志業，以至於終老。

由此可見，著書與講學非其初衷也。故溫萊斯 (Wanlass) 在 *Gettell's History of Political Thought* 一書中評曰，柏氏並非 "man of words"，意謂他不是一位「坐而言」的人❾。從這個角度觀察和體會，他所創設的書院雖被看作西方大學之肇始，但它實非一般大學所可比擬，不妨視為「哲君」的培養場所，析言之，柏氏辦學之動機，允為其政治理想命脈之延續，旨在訓練政治家，進而締造合於正義的國家。

(二)與蘇格拉底之間

柏拉圖之所以能夠造就不平凡的政治哲學及不苟同的政治風品，在在與蘇格拉底攸關。柏氏天賦異稟，英年即已博覽群書，奠定了廣袤的學植基礎。對早期的典籍、詩篇、戲劇，以及諸多賢哲的著述，甚至包括哲人派 (Sophist) 著名辯士如蘇福克里斯 (Sophocles)、歐里匹迪斯 (Euripides)、與阿里斯多芬尼斯 (Aristophanes) 之技藝作品，亦多所涉獵（按 Sophocles 和 Euripides 辭世之際，柏氏年方二十一歲）❿，這對於柏氏後來成為偉大的思想

---

❽ *The Portable Plato*, edited by Scott Buchanan, Penguin Books, 1977, p. 31. 據考證，柏拉圖再度重往舊地作圓夢之旅，時在 367B.C.，又於 361B.C. 有第三次西勒庫斯之行。見：David J. Milling, *Understanding Plato*, Oxford, New York, Oxford University Press, 1987 p. 9.

❾ Lawrence C. Wanlass, *Gettell's History of Political Thought*.

家而言，自然是頗為豐厚的資產，但真正讓他的人生有了定向及思想上有所依歸的指引，顯然是得之於蘇格拉底的潛移默化。

　　當柏拉圖甫與蘇格拉底相遇，即甚為折服，曾謂「我毫不遲疑地稱許他為其時最正義之人 (the justest man) 或最具有智慧之人 (the wisest man)」❶，乃尊之為師，並承傳了師門的典範與楷模，更重要的是在極大部份的對話作品中，讓自身歸隱，而以蘇格拉底作為其哲學甚至政治思想的代言人。雖然，夫子之道，述而不作，但對於柏拉圖而言，像是獲得一本無字天書，從而無隔地領略其境界，譬如蘇氏認為哲學旨在尋求人生理想與正義的通則，柏氏虔敬受教之餘，並舉一反三，將之融入政治哲學，作為正義國家的理念。研究蘇格拉底的名家泰勒 (C. C. Taylor) 曾云：「蘇格拉底死後，柏拉圖幾乎從哲學家 (philosopher) 變為政治家 (statesman)」❷，此言最能刻畫其中意涵，十分耐人尋味。

　　柏拉圖對蘇格拉底的仰慕和景從，人所共知。舉凡蘇氏日夕沉思或詰問的課題，如：何謂正義 (What is justice)？何謂勇敢 (What is courage)？何謂恭敬 (What is peity)？何謂自我節制 (What is self-control)？以及道德與知識論等，各別之答案如何？不止蘇格拉底為之皓首窮經，甚且以身相殉，從而揭示其中意義，而柏拉圖畢生所追尋者，亦步趨師門的哲思，且更發揚光大。將所服膺的人生哲學轉化或推移至政治哲學，譬如在柏氏筆下而由蘇格

---

❿　David J. Milling, op. cit., p. 1.

⓫　其言曰："Socrates, who I would not hesitate to call the justest man at the time." 見：Eric Voegelin, op. cit., p. 4. 參閱：G. Vlastos, "Elenchus and Mathematics," Ch. 4 of his *Socrates, Ironist and Moral Philosopher*, Cornell University Press, 1991 (Itaca, 1991), p. 107.

⓬　C. C. W. Taylor, op. cit., 見該書之前言部份。

拉底口述的〈辯解〉中，總是提醒人們應注重一己的靈魂 (care for his soul)，這是做人的根本，因為衹此一端，便可決定一個人作為好人還是壞人，易言之，是非善惡全在人的一念之間，可知蘇氏所言，要有知識 (knowledge) 與自我節制 (self-control) 之哲理在其中矣。這本是人生哲學的崇高境界，柏氏加以引伸，在〈理想國〉中強調作為治國者的政治家必須亦為正直無私並具有真知灼見的哲學家，蓋其碩德與睿智係得之於純潔的靈魂和高深的知識，再加上絕對的自我節制，這便是所謂「哲君」(Philosopher King) 之理念，也是〈理想國〉的精髓。從而可見二人在思想之間的互動與融通。

柏拉圖對蘇格拉底不僅是人格上的崇拜，並能於領受教益之中，在學問上知所擷取，亦知所融會，前者如吸納蘇氏赫赫有名的「詰問法」(The Socratic method of questioning) 成為柏氏書院教學研究的主要方法之一❸。後者則為將蘇氏的人生哲學轉化為一己的政治哲學，運用之妙，尤其令人嘆為觀止，可說是充分展現其「青出於藍」的政治才華，這般的作為，既綿延了師門哲學的境界，亦填補了蘇格拉底在政治思想上的空白。既是發揚光大，亦為相得益彰。析言之，蘇格拉底固然因柏拉圖的妙筆傳誦而格外令人景仰，另一方面，柏拉圖所著對話錄亦因蘇格拉底的「代言」，特別是在他以身殉道之後，更添加了權威性和感召力。至此，彼師徒二人幾可視為同一化身，是以治西洋古代思想史者，多謂吾人所知的蘇格拉底，實為柏拉圖的蘇格拉底 (Platonic Socrates)，論者亦因而推想，蘇格拉底的重要性，不該只從他本身去評價，還應當從他與柏拉圖的同一化身這一特點去體察與領會❹，也就

---

❸　Richard H. Popkin ed., *The Columbia History of Western Philosophy*, Columbia University Press, New York, 1999, p. 35.

是說，談論柏拉圖自然不可忽略他與蘇格拉底之間的脈絡相通。

㈢著　述

　　柏拉圖的著述甚為豐富❶，一般的說法，共有三十五篇對話 (dialogues) 和十三封書信 (letters)，惟學界普遍對書信存疑，甚至有些學者認為無一可信亦無一可取❶。為了避免魚目混珠起見，不如將所有書信皆排除在外。

　　前已言及，柏拉圖的著述極大部份係由蘇格拉底「代言」，先頭的代表作當推 "Apology"（按中譯之名稱不一，我人以為譯為〈辯解〉較為允當）此為蘇格拉底受審期間為自己辯解的言詞記錄，在體裁上是獨白而非對話，怨懟與責難中流露警世之意，哲理深刻。早期的對話錄大多為短篇，其中較具份量且充滿智慧的作品如："Protagoras"（36 頁）與 "Gorgias"（80 頁）。

　　中期的對話錄已具柏拉圖的 (Platonic) 色彩。當然，〈理想國〉（共 10 冊），不僅是此一階段的亦為他一生的代表作。

---

❶　Charles H. Kahn, *Plato and the Socratic Dialogue: the Philosophical Use of a Literary Form*, Cambridge University Press, 1996, pp. 71–73.

❶　其犖犖大者如 "Laches", "Charmides", "Ion", "Protagoras", "Euthy-phro", "Apology", "Crito", "Gorgias", "Meno", "Symonsim", "Phae-do", "Republic", "Parmenides", "Theaetus", "Pheaetus", "Laws", "Tinaeus", "Statesman", "Philebus"。見：Ian P. Greal (ed.), *Great Thinkers of the Western World*, Harper Collins Publishers, 1992, p. 23. 著述的分期，參閱：*The Oxford Companion to Philosophy*, edited by Ted Honderich, Oxford University Press, 1995, p. 683.

❶　如美國芝加哥大學的 Leo strauss 教授即作此主張，見：氏所著 *History of Political Philosophy*, 3rd Edition, The University Press, 1987, p. 33. 持類似觀點之學者亦不乏其人，不贅列。

　　其後的作品如〈哲人派〉與〈政治家〉，頗有講求條理和重視經驗的意味，其間蘇格拉底的格調似已逐漸淡化。及至最後一篇〈法律〉，則是平實而又保守，不止完全拋開蘇格拉底的身影，倘若以之與柏氏早期和中期的理念相比，可說是呈現截然不同的面貌，在很多方面都有很大的落差。以致論者嘗懷疑〈法律〉恐非出於柏拉圖的手筆，甚或指摘其為偽書。

　　平情而言，這不過是由於將柏氏著述前後對照所產生的猜疑，顯然是因為先入為主地肯定〈理想國〉為其代表作所致。但若謂〈法律〉為贗品，則始終欠缺明確可信的論證。其實，我人如不執著對比上的差異即遽予論斷，而轉換思考角度，「自其變者而觀之」（蘇東坡語），當可體認，一種思想，一種理念，並非一成不變，時代與環境的推移，滄海可成桑田，人在現實中的遭遇和感受多所變化，豪情壯志或浪漫情懷，在飽經風霜之後，未必永不消退。思想家也是人，隨著人生閱歷的起起落落，豈能恆久堅守某種思維？就柏拉圖而言，晚年之所以對〈理想國〉趨於悲觀，或因有感於人心不古，世道衰微，曾慨歎人間事皆不完美 (imperfect)（其言頗類乎中國哲人所謂不如意事，十常八九），回首前塵，乃警覺「哲君」不易得亦不可恃，於是治國理念遂由絢爛歸於平淡，進而倡言不追求所謂「最高之善」(the highest good)，祇著意於凡人亦可造就的「普遍之善」(the universal good)，這也是人之常情，柏氏晚年不再崇尚「精英統治」的「至善」，而轉變為追求建構一般皆可遵循的法律規範，比之於〈理想國〉所堅持者，委實是極大的轉變，甚至有所顛倒，不免予人以唐突或格格不入之感，不過，我人若依循上述的理解，則當可認知〈法律〉篇之作，並非不可思議。

　　首先值得注意的是作品體裁既為「對話錄」，那末並不全然是

柏拉圖的話語和思維，相當大的比例是他人之言，接著要提出一
個常被質疑的重要問題，那就是對話中的蘇格拉底究竟是不是歷
史上的蘇格拉底 (the historical Socrates)，因其述而不作，所言並非
信而可考，真相如何，猶如霧裡看花。一般咸以為他祇是「柏拉
圖的蘇格拉底」，既然如此，在邏輯上似可推論舉凡由蘇氏代言的
說辭，皆算是柏拉圖的觀點，此一假設雖屬合理，但在論證上恐
怕不夠嚴謹，且不夠周延，例如在〈普羅塔哥拉氏〉一篇中，蘇
格拉底的架式與韻味乃是最典型的，其所思所言，似乎跟柏拉圖
不很搭調，是否意味著係執筆的柏拉圖刻意安排所致，果如此，
這一部份，豈非顯示柏氏存心從中跳脫而置身事外；相反地，在
〈潘門尼第斯〉(Parmenides) 一篇中，大多呈現柏拉圖的特點，代
言的蘇格拉底卻頓然成了「隱形人」。這麼看來，「柏拉圖的蘇格
拉底」與「歷史上的蘇格拉底」並不等同。

　　另一方面，若謂對話錄中的蘇格拉底所代言者，全然是柏拉
圖的思想，似又未必。換言之，二者之間，若即若離，或許有一
灰色地帶，如以柏拉圖為主角，則蘇格拉底之言，何者出於柏氏
本意？何者應歸之於蘇氏本人？在認知上，有待分辨，卻又不易
分辨。其實，這一點，已是不很重要，蓋學界多認為蘇格拉底所
言，乃是柏拉圖的心聲，因為斯二人之哲思理念是無分軒輊的。

　　當然，柏拉圖〈理想國〉的議論，在蘇格拉底的身影之外，
亦不乏獨特之處，譬如他曾被稱為「哲學家詩人」(philosopher-
poet)❶，因而他的哲學作品，包括在政治哲學中談論「正義」，其

---

❶　Plato, *The Collected Dialogues*, including the Letters, edited by Edith
　　Hamilton and Huntington Cairns, with Introduction and Prefatory
　　Notes, Bollingen Series LXXI. Princeton University Press, Seventeen
　　Printing, 1999, Introduction XV. 作者謂柏拉圖作為詩人其地位可與

意云何？似皆隱含詩一般的飄忽，不獨此也，他亦曾解釋對話錄之所以不採理性或嚴肅的篇章 (the reasoned treatise)，乃是基於另類的思維，簡略的說，柏氏講述深奧的哲理時，總是不忘情於豐富的隱喻和含蓄的美感，他在〈范德魯斯〉(Phaedrus) 中有言，寫作猶如繪畫 (writing is like painting)，都要栩栩如生或韻味無窮，但當你詰問其所以然，它就保持莊嚴的沉默 (it preserves a solemen silence)。其後，〈理想國〉第六卷中亦有這般話語，其言曰：「我是繪製理想國的人」(I am a painter of Republic)。從而可見其文采之美妙與雋永。這也顯示其晚年所作〈法律〉篇之所以啟人疑竇，而引發「真」「偽」之辯的原因。

　　賦予哲思像詩又像畫的意涵，乃是柏氏刻意營造的境界，其用意似乎不止要具有引人入勝的美感，同時也有更深一層的妙用，即哲理之爭辯，有時不容「打破砂鍋問到底」，不如保留一點「意在不言中」的境界。唯其如此，議論或遐想方有較寬闊的空間。論者嘗謂對於柏拉圖來說，哲學彷彿是一種「影像」(vision)，是「真理的影像」(vision of truth)，只可於隱約之中，心領神會，如想刻意將它看透，似有所不能，就好比有人要盡窺天地之奧祕，及至悠遊其間，卻又忘其所以❶⑧。(筆者按：此說很像陶淵明所謂的「欲辨已忘言」) 難怪有人感歎：柏拉圖的著述，可說是「易讀難懂」(Reading Plato should be easy, understanding can be difficult.)❶⑨。這樣的評語，頗為傳神，也毫不誇張。

Homer, Lechylus, 及 Dante 相提並論，但這些大詩人皆非同時又是哲學家。

❶⑧　Bertrand Russell, op. cit., p. 123.

❶⑨　Plato, *Republic*, translated by Robin Waterfield, Oxford, New York, Oxford University Press, 1993, 見: 引言前段。

　　綜覽柏拉圖的著述，其與政治哲學或政治思想相關者，計有〈理想國〉、〈政治家〉及〈法律〉三篇，前兩篇是相連接的，故擬予合併論述；至於〈法律〉則是截然不同的界域。按該篇係柏氏晚年遷就現實之作品，應屬可信。惟或因脫稿於臨終之際（347 B.C.），似未及校正（亦有人稱之為未完成作品），內容粗糙，邏輯扞格，且文詞不夠清晰，可讀性低。

　　歸納其總體概念，大致強調平衡與妥協原則，無形中剝落了理想國的光彩。譬如不再執著對聖君賢相的寄望，而是主張「法」應在「人」之上 (law above man)。然而，「齊之以刑」亦未必可恃，故教育依舊不可忽略，惟循循善誘又未必能矯治芸芸眾生之冥頑，即顧慮「法」與「禮」皆有時而窮，乃轉而倡導「敬神」以規範人心，甚至在法律中明定污蔑神明者論罪之條款。在在顯示已不復當年揭櫫「至善」理則以達成治道的氣概。不過，審察其治國之道，也不能說是政治理想的全盤退卻，只能說不再堅持「極致」，或退而求其次。舉例而言，在〈理想國〉的構想中，為杜絕治國者（金、銀階級）之私心的共產主張，雖予摒棄，但並未放任豪奪巧取，其例證如不容許「巨富」與「赤貧」的懸殊，以法律明定「貧」「富」的極限。又如政治上亦講求兼容並包，其所採擇者，可說是混合君主與民主的成分，政府成員可由任命、選舉、甚至抽籤產生，此無非是希冀透過相互讓步，以期各得其所，從而達成政局穩定。

　　吾人總以為〈法律〉篇雖為柏拉圖政治思想的終極作品，以言篇幅，允為「巨著」，但畢竟流於蕪雜而又粗疏，實不成其為精華，故祇要述如上，不另列專章論及瑣細。

二、〈理想國〉重點析論

㈠〈理想國〉何以成為柏拉圖的代表作

　　一般而言，柏拉圖其人與他的〈理想國〉是不可分的。竊嘗思之，若無〈理想國〉之作，恐不足以彰顯柏拉圖為曠世奇才，縱然是著作等身，亦不過是哲學家之一，能否篇篇傳世而名垂青史，則不無疑問。誠然，姑不論各家對〈理想國〉評價如何，稱許它是「前無古人」的創作，應不為過。

　　有人說，希臘人之所以不再留戀荷馬 (Homer) 賦予的天地，而轉換為以智慧取代神話中的榮耀，進而引為人生的宗旨，那主要是由於柏拉圖的關係，更確切的說，那是由於柏拉圖的名著〈理想國〉使然。

　　〈理想國〉不止在柏拉圖的政治思想中甚至在西洋古代政治思想史上，具有關鍵地位。舉例來說，蘇格拉底被控不義 (unjust)，然則對於何謂正義？ "Apology" 的辯解語焉不詳，祇有〈理想國〉的相關對話，其間跟一時之選的菁英反覆爭辯，方獲致深入的探討和較為明確的認知，故論者嘗謂〈理想國〉才是蘇格拉底真正的〈辯解〉(The Republic is the true Apology of Socrates) ❷⓪。

　　尤其重要的是柏拉圖破天荒地倡言哲學家與政治家是同義字，一如道德與正義之不可分，將哲學家與政治家畫上等號，不啻為哲學與政治搭起橋樑，這顯然是革命性的創說。對柏拉圖而

---

❷⓪　Allan Bloom (author of the Closing of American Mind), *The Republic of Plato*, 2nd edition, translated with notes and an interpretatiue essay by Allan Bloom, 1991, p. 307.

言，等於是奠定了「哲君」理論的基石，對古希臘而言，在這一舉之間，破除了哲學不過是虛玄之論的迷思，於是哲學家跳脫「象牙塔」，並得以與政治家共享足以治國平天下的美譽，這種思想，當然是開創時代與改變歷史的建樹，相較於前前後後以「替身」或自己所揭示的「對話」，〈理想國〉堪稱一枝獨秀，謂其為柏拉圖政治思想的代表作，並無不允當之處。

㈡何謂正義

〈理想國〉又可稱為「正義的國家觀」，可見〈理想國〉的主題之一在於探討何謂正義?按「正義」一詞，實與 "righteousness" 和 "moral goodness" 不可分，但此一概念不宜祇從字面上作狹義詮釋，因為柏拉圖透過蘇格拉底之口談「正義」，在意涵上，乃是概括人生以至於宇宙的境界，而不是祇從一個國度或既有的法律或政治面加以界定，故在對話錄中始終未出現塵埃落定的認知，針對此一命題，往往只見蘇格拉底雄辯滔滔，讓對方的說詞不能成立，或使其顯得似是而非，但在強有力的詰問和批判之外，卻未提出一己確認的答案，難怪對手曾抱怨道:「蘇格拉底，究竟何謂正義? 你若胸有成竹，何不說個明白，豈可只是盛氣凌人地反駁，而自己卻只問不答? 你可知道，這世上多的是只會問不會答的人……」 **㉑** 然而，蘇格拉底則是詰問如故。不過，他偶而也會對這

㉑ Will Durant, *The Story of Philosophy*, A Touchstone Book, Published by Simon & Schuster, New York, London, Sydney, Tokyo, Singapore, 1961, p. 16. 其所引述者為 Cephalus 之怨言: "...I say that if you want to know what justice is, you should answer and not ask and shouldn't pride yourself on refuting others...For there are many who can ask but cannot answer (336)."

項指摘提出辯解，由於語帶玄機，即使聰穎如葛若康 (Glaucon)
者，亦不無困惑的問道：「尊意云何」"What do you mean"？蘇氏
答稱：「我以為當論者落實地指陳正義究為何物時，或許會發覺所
作之辨識與描述，已然不甚圓滿。」❷似謂只可意會，不可言傳。
這便是「哲學家詩人」所鈎畫的飄渺境界。

　　倘若由於〈理想國〉作者對何謂正義的命題，未作明確的界
說，即認為其正義觀是天書無解，則又不然，依筆者的領會，如
能不為紛紜的議論所遮蔽，掇拾散見於對話錄中的隱喻或示意，
存「精華」而去「糟粕」，當可得其梗概。析言之，何謂正義的答
案，並非出於寥寥數語的定義，衹能於〈理想國〉的若干構想或
諸多論說的意涵中得之。也就是說，「對話」中對於何謂正義一節，
作者似乎刻意地將探討的範圍擴大，引伸的說，他認為舉凡涉及
正義或非正義問題，很難不涉及知識與道德問題，因為正義本身
就是一種善行或美德，故作詮釋時自不免與相關領域有諸多瓜葛
的牽連。有人稱柏拉圖的正義觀為「擴張理論」(an expansive the-
ory)❷，可謂一語中的。是以我人在認知上應著意於總體的及多面
向的解說，不可斷章取義或抱殘守缺。

　　概括的說，所謂「擴張理論」，不是對「正義」一詞說文解字，
亦不可因循近代的流行觀念。檢點柏拉圖的相關論述，在抽象之
中，也有不少深入淺出的地方，大體上都觸及「善」或「適宜」
的理念，且不忘將哲理落實在生活層次上，曾謂：「各司其職」、

---

❷　Thomas M. King, S. J., *Jung's Four and Some Philosophers: A
Paradigm for Philosophy*, University of Dame Press, Notre Dame, In-
diana, 1999, p. 7

❷　Julia Annas, *An Introduction to Plato's Republic*, Oxford University
Press, 1981, p. 13.

「各如其份」、及「將該做的事做好」，就是合於正義的。其通俗比喻有言：鞋匠製鞋，織女織布，若能舒適美觀，恰到好處，這種看似尋常的作為，實合於正義；同理，政治家治道高明，得以造就國泰民安，亦是合於正義的。這般的正義觀，其特色是超越了深奧的、只有少數菁英可作論辯的課題，轉化為淺顯的、人人皆可瞭解、亦皆可身體力行的理念。此一理念，如欲一言以蔽之來表達，韓愈在〈原道〉一文中所云「行而宜之之謂義」（見古文觀止），跟它頗為神似。

何謂正義？如此演繹的描述，其意涵雖依稀可見眉目，但仍不免失之於籠統，不如放眼檢視相關論辯及柏氏建構理想國的具體主張，方能撥開雲霧，得其真義。

反映何謂正義的關鍵論辯

在〈理想國〉第一卷中，蘇格拉底與沙菲勒斯 (Cephalus) 和潘利馬秋斯 (Polemarchus) 父子的爭辯揭開序幕，潘利馬秋斯依循大詩人西蒙尼狄士 (Simonides) 的理念「給予每一個人所應得的就是對的」(it is right to give every man his due)，歸結為正義不外乎「說真話」(truth-telling) 和「欠債還錢」(to pay the debt) 以及「做有益於朋友而有害於敵人的事」(to do good to friend and to harm the enemy)。他確信前者乃理所當然，而後者，在那個戰亂頻仍的年代，亦是人同此心的流行觀念，故皆無懈可擊。

蘇格拉底所展現的是知識與辯才，反駁之詞，扣緊辯證邏輯去找破綻，首先詰問「說真話」即合於正義是絕對的嗎？換言之，在某種情況下，「善意的謊言」是否一定不合於正義呢？於是提出很有說服力的例證，略謂「債」是總稱，不一定是「錢」，設若「債」之標的是一柄利刃，債主要在盛怒之下索回，是否應予歸還？可

見「欠債還錢」，未必合於正義。又若為「做有益於朋友的事」即合於正義，則又非必然，蓋朋友也者，有真朋友，亦有貌似朋友而多行不義之人，不可混為一談。再者，由誰來「做有益於朋友的事」，也大有關係，譬如江湖豪傑或綠林好漢，「義」字當頭，常標榜為朋友可兩肋插刀，不問是非，但講義氣，試問這些人「做有益於朋友的事」，對於善良百姓而言，是禍是福？

認真的說，何者為友？何者為敵？並非顯而易見，恐有待於慎思明辨，如將貌似朋友者視為真朋友，而做有益於其人之事，乃屬愚不可及，當然悖離正義。又甚或誤認朋友為敵人而傷害之，則正義何在？況且加害於人，有何正義可言？故皆不可取。

解析的說，蘇格拉底之批評，實暗含深意，即從而顯示，人之所做所為是否合於正義，不可只憑「想當然耳」或自以為是，至關緊要的須依賴知識的引領。否則，設若認知有誤，那末，所謂「說真話」、「欠債還錢」、及「做有益於朋友而有害於敵人的事」，可能變質，甚至適得其反。也就是說，有時候，或在某種處境之下，正義之人卻未「說真話」，亦並不「欠債還錢」，甚且對敵我之分，亦未從眾。言外之意，關鍵在於如何判斷何者為「好」？何者為「有益」？何者為「朋友」等。推而論之，可歸結到「義」或「不義」、「宜」或「不宜」，實與「知識」有關。試以兩人的爭端為例，對於正義是讓人過「好的生活」(good life) 一節，彼此並無異議，但什麼是「好」，什麼是「好的生活」？由於理念不同，故在認知上有很大的差異。潘利馬秋斯大致不離世俗的價值觀，即如何維繫身家性命以至於富貴榮華，所謂「好的生活」既如此定位，圖謀者難免會不擇手段以爭逐之；而蘇格拉底是秉持哲學家的襟懷，悲天憫人，視富貴如無物，服膺這般的人生境界，便很自然地確認真知、碩德、與純潔的靈魂，才是「好的生活」之宗

旨。在〈理想國〉第四卷的後段，蘇氏為了強調此一理念，曾有
一則很貼切也很傳神的比喻，大意是說，正義與靈魂是相關的，
一如健康與生命價值相關，當一個人健康敗壞之時，生命便不值
得活了，故守住正義，乃是人之靈魂不被敗壞的首要之事❷。有
鑒於此，明智的人應當把正義看作目的而非手段，這個命題的提
出，業已將正義觀從人生哲學推移到政治哲學的領域，此一特質，
在蘇格拉底與謝索馬秋 (Thrusymachus) 的爭辯中，當可獲致更為
明確的辨識。

　　蘇格拉底與謝索馬秋之間唇槍舌劍的相互批判,(可參閱前篇
中「蘇格拉底與哲人派的爭辯」部份) 值得補充的是這位哲人派
辯士基於「人性是自私的」之假定，乃獨樹一幟地主張正義不過
是強者的利益，頗能令人側目和扣人心弦，蘇氏恪於客觀形勢，
很難否認強者統治並立法的現實，故一時無著力之點加以反駁，
及至在討論過程中，對手被詰問難道強者永不出錯 (mistake)？謝
索馬秋為了護持強者得以豪強或不致犯錯，乃接納在所謂「強者」
一詞的意涵中應添加「知識」條件，以充實其統御能力，於是「雄
主」、「霸權」既有賴於知識的臂助，依循此一辯證關係，「正義是
強者的利益」之論點因而發生傾斜，何以故？蓋〈理想國〉的核
心理念，從庶人以至於君王，對於何謂正義？人之作為是否合於
正義？皆有待於明智的認知，才不致似是而非，曲解正義。故知
識實為認識正義和踐履正義的寶鑰。強者既不可無知，謝索馬秋
銳不可當的詞鋒，至此彷彿有了缺口，因而難以擺脫蘇氏邏輯的
天羅地網。

　　蘇格拉底眼見有機可乘，話鋒一轉（或可稱為誘敵之計），像

---

❷　Richart Kraut, "The Defense of Justice in Plato's Republic," in Richart
　　Kraut, op. cit., p. 312.

是附和對手的觀點道：「誠然，謝索馬秋，每一種行業 (art) 皆有其權威性和優越性以凌駕別人，對不對？」對手似有所疑慮的勉強應諾❷⑤，蘇氏隨即義正詞嚴的指出，須知這種權威性和優越性並不是只為一己之利而存在的，例如良醫診病，善良的牧羊人保護其羊群，以及臨危不亂的船長謀求航行安全，豈是只為一己之利？可見各行各業俱有其職能 (function)，要謀求自利，就得盡其所能地謀求特定對象 (proper subject) 的利益，試問，基於這樣的理解，還能說正義只不過是強者的利益嗎？果真能只為自肥而罔顧被治者 (subject) 或弱者一方的利益 (the interest of the weaker party) 嗎？

何況強者也可能犯錯，譬如由其主導的立法與決策，表面上對其有利，其實卻可能導致失落權位的風波！反過來說，聰明的強者，不會只顧自利而造成眾人的不利，以至於帶來天怒人怨的困局，那時候，其「自利」何在？易言之，強者或治者熱衷於金錢和令譽之外，還得要具有風險意識，也就是要顧慮失敗後的虧負與懲罰 (punishment as a recompense)❷⑥。職是之故，蘇氏的結論

---

❷⑤　Plato, *The Republic of Plato*, translated with Introduction and Notes by Francis MacDonald Cornford, Oxford University Press, New York & London, fourteen printing, 1957, p. 23. 按蘇格拉底與柏拉圖談到 "art" 這個詞彙，往往拿它涵蓋「鞋匠」以至於治國者的才能。

❷⑥　Op. cit., p. 29. 蘇格拉底言及即使所謂強者亦須顧慮 "punishment as a recompense" 一語之際，同時在座的 Glaucon 表示：「金錢與令譽作為報酬 (reward) 顯而易見。」(...but I don't understand what you mean by speaking of punishment as a recompense.) 蘇氏詳予解釋，並乘機總結云：「因此，我完全不能同意謝索馬秋所言公理（正義）不過是強者的利益之說」"On this point, then, I entirely disagree with Thrasymacus doctrine that right means what is to the interest of the

是強者或統治者謀求眾人之利，始可保住自利（筆者按，可謂寓自利於眾利之中）。論戰至此，「正義是強者的利益」之說，就很難守得住陣腳了。

檢視上述耐人尋味的論辯，其間蘇格拉底雖未明說正義究為何物，但在批評對手和反覆解說的話語中，「義」與「不義」的分辨，已可明確而又具體的呈現。

理想國的建構

如何建構〈理想國〉與何謂正義的討論是分不開的，其所規劃的輪廓，或可視為「正義國家觀」的落實，同時，亦可印證〈理想國〉並非流於空談，也就是說，柏拉圖所設想的正義之邦，不是虛擬的空中樓閣，而是出於對雅典實際政治的反思與批判，從而顯露其胸臆中理想國之風貌。默察當時的城邦，其根本問題在於忽視人性或人之天資稟賦的分野，對於如何用人，如何治國？自始即趨於紛亂。譬如雅典民主政體，對人的看法極為粗糙，只要是自由民即為公民，只要是公民，不分青紅皂白，無論智愚，皆可治國，蓋大眾的口味總是「渴求甜美」(hungry for honey)，於是口蜜腹劍之徒，只要因循眾意，不擇手段地操弄愚民政策，即可雄踞大位❷。這顯然不合正義。

柏拉圖認為建構理想國，首先應洞察人性，分辨人之資質，然後方可因材施用，進而達成治國的理想。

---

stronger."

❷ Will Durant, *Story of Philosophy: The Lives and Opinions of the World's Greatest Philosophers from Plato to John Dewey*, Washington Square Press, first pocket books printing, Jan., 1953, Copyright renew 1963, p. 27.

　　芸芸眾生大致可歸納為三種人或三個階級 (the three classes)，即金質、銀質、與銅鐵質階級（按柏氏係引用希臘民間社會之神話寓言，略謂神造城邦，乃是將人區分為金、銀、銅鐵之說），用以象徵人性的三個面向——靈魂底層的面向為「食色性也」的基本需求，居中者，不限於需本需求，並具有熱情、勇敢的特性，及重視公共生活的高尚情操；最高層面的境界，則是講求德行與靈性，不浮華，不衝動，長於理性思考。上述三個階級或可分別稱之為財富愛好者 (lover of wealth)，榮譽愛好者 (lover of honour)，以及真理愛好者 (lover of truth)❷⑧，一言以蔽之，依次為「欲」(appetitive)、「情」(passion)、及「理」(reason) 的寫照。這乃是執簡馭繁，對社會大眾的歸類，論其資質及其功能，可謂各有千秋，銅鐵質階級既是熱衷於貨利，自然適合作為生產者 (producers)，銀質階級，血氣剛盛，可充當國之干城；至於金質階級，冷靜而富有智慧 (wisdom)，乃王者之才也。三者應求其調和 (psychic harmony)，便是合於正義。析言之，金、銀、銅鐵三種階級，若能各得其所，各司其職，而又能相輔相成，則正義之邦的架構當可確立。

　　將不同態樣的人區分為金、銀、銅鐵之意，旨在強調因材施用的必要，亦所以凸顯雅典民主政體對「人」的認知混沌，自不免亂象叢生，柏拉圖曾抱怨雅典當局何以看不清如此簡單的道理，

---

❷⑧　Republic, Book II, 369–Book V. 471, 引見：Roger Chance, MC., MA., Ph.D., *Until Philosopher are Kings: A Study of the Political Theory of Plato and Aristotle in Relation to the Modern State*, with a foreword by H. J. Laski, M.A., Professor of Political Science in University of London, Kennekat Press, Inc./ Port Washington, N.Y., first published in 1928, reissued in 1968 by Kennekat Press, p. 78.

氏常謂夠格的鞋匠是合於正義的，似乎暗諷當時的政府以選舉及抽籤取才，其所造就的治國機制，猶如要不善製鞋的人充當鞋匠，顯然悖離正義。此一淺顯的譬比，但卻是蘊含深意的隱喻，治國的哲理及何謂正義的端緒，在其中矣。

　　柏拉圖談理想國的建構，強調對人的辨識乃是首要之圖，因為人是國之根本，要造就正義之邦，治國者當明辨是非，對人的稟賦及宜於如何施用，須具有規劃的藍圖，方合於正義，蓋柏氏曾有名言，在理想國中，「個人的正義等於小寫的 a，國家的正義，等於大寫的 A」，意謂個人與國家是「共同體」，按此說並非柏拉圖獨創，其實，希臘城邦的政治生活，向來讓個人對國家極為依賴，以至於當時的流行觀念是國家乃個人的城堡，個人只有在國家之中才能生存發展，文化背景如此，所以柏拉圖謂個人與國家的道理相通，並互為依存，並非想像之辭。職是之故，他藉蘇格拉底之口，駁斥哲人派謝索馬秋所言「正義是強者的利益」之說，即是本此義理，意謂強者不可無知，稱雄道霸祇圖一己之利者，其權位豈能安穩？此間已暗示唯具真知灼見的政治家方可治國，容後詳述。

　　柏氏強調有人富於理智，有人富於血氣，又有人富於欲念，應該加以分辨，進而求其各得其所，各展所長，這種設想，可說是合於「行而宜之」的原則，亦正是正義的體現。有人依據現代心理學的研究，批評柏拉圖將人「定型化」的區隔，帶有命定的色彩，似欠允當，因為人的質地，並無根本的差異，而祇是程度上有別而已。即人人皆同時具有「理」、「氣」、「欲」的成分，其所以呈現不同的品質與樣貌者，實因後天的造就使然。

　　平情而論，此一批評固然有其可取之處，但沒有使被批評的議論為之失色。蓋柏拉圖自始即認知人皆有理性，有血性，也有

欲念，只是有人以理勝，有人以氣勝，又有人以欲勝，不可不察。故重點之一是必須善為辨識，換言之，這三種人的定位，不可錯置。按此說恰巧與現代行政學上「適才適所」(right man in the right position) 的理則相契合。重點之二是如何使這三種氣質各有發揮的場域，又不致失之於偏執，這便是柏氏所謂適當的調節 (temperance)，果如此，則做人的道理可與治國的道理相融合，對人而言，乃是各如其分，對國家社會而言，自可撥亂反正。

　　柏拉圖雖然重視人之先天稟賦，但也同時重視後天教養，是以我人不可只因他提出金、銀、銅鐵的分類，就推斷他是命定主義者。的確，柏氏對理想國的教育投注了不同凡響的心思，可資論證。

㈢理想國的教育

教育凌駕法律

　　已如上述，柏拉圖建構正義之邦，其首要之事，在於對人的認知，因為每一個人有其與生俱來的稟賦，宜乎做某種適合他的工作，所謂「一人一職」(Each should, as nature provides, do his own work, one man one job) ❷，故「各司其職」和「各得其所」是合於正義的。然而，這並不意味著柏拉圖是一位先天決定論者，氏強調天賦 (nature) 之外，亦重視後天的教化 (nurture)，甚且以教化作為理想國的命脈。

　　柏氏早期並不崇尚法律，嘗謂法律對於好人而言是不必要的 (unnecessary)，因為好人但憑天理良心，毋需法律規範；對於壞人

---

❷　Maurice Cranston(ed.), *Western Political Philosopher: A Background Book*, The Bodley Head, London, 1964, p. 11.

而言是沒有用的 (useless)，因為「道高一尺，魔高一丈」，即使嚴
刑峻法，也很難讓壞人消聲匿跡。唯教育可增長人的知識，變化
人的氣質，允為國家社會的瑰寶。這種理念，很像我國儒家以教
化作為治國的根本。略謂教化讓人改過遷善，是治本的，齊之以
刑，則是治標的，顯然前者較為積極，後者較為消極，正如漢代
賈誼所言：「禮禁未然之先，法禁已然之後」，「未然之先」即予導
正，遠比「已然之後」加以懲罰為高明，更何況如禮教不彰，縱
然法禁森嚴，恐怕亦很難達成治道。

理智替代神話及英雄的迷思

　　基於「知識即道德」的思維，〈理想國〉堅信教化為上上之策。
例如哲人派謝索馬秋之流力主人性自私，必須嚴於法禁以規範之
(restrained by law)，柏拉圖大不以為然，他認為迫人就範的強制力
有時而窮，不可依恃。並趁勢引伸其向來秉持的道理云，正義治
國，不是祇靠強制力，而是講求以德服人，方能有效地調和全局。
　　柏拉圖輕視法律是早期的思想，他重視教育則是始終弗渝的
堅持。何以見得？我人可從柏氏前後著述得到印證。〈理想國〉與
〈政治家〉皆以教育作為育才和治國的重點，固不待言，即使在
晚年的〈法律〉篇中，〈理想國〉所揭櫫的諸多絢爛的理想，雖已
歸於平淡，惟對於教育的寄望，依舊相當殷切，例如他一本初衷，
深信「無知即罪惡」(vice is ignorance)；又如倡言雖屬法律主治，
但切忌不教而誅，似隱含「徒法不足以自行」之意。難怪素不輕
易讚許人的近世思想家盧梭 (J. J. Rousseau)，很不尋常地極為推
崇柏拉圖的教育思想，特別是見解的高明及思慮之精深，無人能
及。
　　柏拉圖的教育規劃，顯然是以造就「哲王」為鵠的，這也是

正義之邦的「至善」境界，追溯此一思想淵源，可說是雙重的，其一，柏氏素來服膺蘇格拉底的教訓，總是提醒人應重視一己的靈魂，因人若受靈魂支配，即可不昧於良心，不悖於公道。一般的說法，教育灌輸人們從未具有的寶貴知識，一如盲者的眼睛注入光亮 (like putting sight into blind eyes) ❸⓪，此說似頗生動，但卻似是而非，因為問題的關鍵並不在於給他光亮，而是要他懂得正確認知，了卻困惑，步入正途，方能挽救靈魂，否則，肉眼縱然明亮，可是他卻面對錯誤的方向 (wrong direction)，還是無從走向光明。故柏拉圖認為調節「理」、「氣」、「欲」者為靈魂，其中以「理」勝的金質階級最具有「智者不惑」的品質，長於慎思明辨，不致因欲念或血氣而失去節制，故能守住個人的以至於國家的靈魂，這種人當然適合造就為治國者，眾人應一致追隨，方可克制物性進而發揮靈性，以達成正義的理想，所以政治家的教育，當居於關鍵地位。

其二，柏拉圖原先對希臘傳統的自然主義頗感興趣，後來發現其內容零亂，且欠缺義理上的解說，乃跳脫其窠臼，轉而致力於人文思想的鑽研，在對話錄中，常常表達對雅典教育的強烈不滿，指摘當時整個教育結構實為個人及社會之所以不義的源頭，譬如希臘神話或荷馬的詩篇，大多標榜為榮耀而戰 (the glorifies war)，歌頌勝利為美德，失敗為罪過。柏氏批評這般的教育理念，看似雄偉，實屬暗藏禍端，至於何謂正義？如何作為「智慧的人」(man of wisdom) 等理性的價值觀，則是盡為「戰陣之勇」的迷思所掩蓋，於是英雄主義的浪潮遂泛濫成災！按柏氏這一番貶抑所謂「氣」與「欲」凌駕「理」之上的說詞，無形中洗雪了論者常說〈理想國〉教育思想如何傾心於斯巴達的尚武精神。雖然，柏

❸⓪　Will Durant, op. cit., p. 39.

氏起初對斯巴達的尚武教育印象頗為深刻，不過，後來經歷戰亂
滄桑，嚴肅思考〈理想國〉教育方策之際，乃沉痛地指出，迷信
教人「戰陣之勇」的神明及「殺人盈野」的英雄，其結果不免會
導致無休止的殺伐與權力爭奪 (an unending struggle for power) ❸。
柏氏明言，他無意於邀視英雄，但對教育上無所不用其極的英雄
崇拜，甚且將凶殘、暴虐等野蠻行徑，亦視為威武的英雄事蹟，
則頗為憂心。

　　蘇格拉底被控的罪名之一是蔑視希臘傳統信仰，其實，蘇格
拉底與柏拉圖祇是拒絕崇拜不理性的神明，並斷言希臘城邦若執
迷不悟，始終信奉好大喜功而又具有肅殺之氣的神明和英雄，作
為人間榜樣，那末，個人和社會的正義，將在迷惑中墜入深淵，
以是之故，〈理想國〉的教育，不可故步自封，而是要銳意撥開世
代的雲霧 (clouds of illsion)，以尋求被遮蔽的理性。這番議論，亞
里斯多德視之為扭轉乾坤的里程碑，從而顯示希臘哲學開始重視
理性批判的思維，至此，荷馬的詩篇乃逐漸失卻獨占的地位。

　　柏拉圖在〈理想國〉第三卷的結尾，答覆葛若康什麼是真正
的正義屬性 (the true nature of justice) 時，其答案是唯智者可辨識
之，乃歸結到正義之邦必須由智者來統治，但智者並非從天而降，
而是有賴於以理性與公道為依歸的政治家教育。析言之，通過這
種教育，哲學遂成為政治理想的奶水，教育亦因而沾染了哲學的
色彩。

　　柏氏稱教育為無與倫比的大事，亦可謂是建構正義國家的主
題，並不虛誇。細心的讀者，當可察覺〈理想國〉卷 V 的一部份

---

❸　Plato, *Republic*, translated by Richard W. Sterling and William C. Scott, W. W. Norton & Company, New York, London, 1985. Reissued in a Norton Paperback edition, 1996, pp. 15–16.

及卷 VI，VII 的大部份，皆不脫離教育的話題。令人感到驚奇的不止於教育所占的比重，而是談教育何以往往指涉哲學命題？並有教育應以哲學訓練 (The training of the philosophic nature) 為上乘境界之說。按我人的理解，柏氏對教育的設想係著意於造就治國的菁英，作為人們「見賢思齊」的典範。這似乎是一種策略性安排，即以作育堪當大任的「哲王」為理想，引領大眾仰望崇高的人格和智慧，讓他們從偶像崇拜與權力之爭的沉迷中甦醒過來，並逐漸重視「哲學生活」(philosophic life)，從而建立哲學的「繆司」(muse) (古希臘掌管詩、音樂、及藝術的女神) ❷，作人文社會正義的象徵，這是移風易俗及牽動人心的教育改革大計，自然極為艱難，但並非空中樓閣，若問何以故，只要從對話錄的諸多線索中作總體的檢視，就沒有理由懷疑他的確真誠地存著一種期待，那就是哲學家之治，它不是想像，因為書院的創立，可說正是這個理念的體現，他曾說過：「如果這麼做絕對不可能，那末，要追求正義，我們便是作白日夢的人 (daydreamers)。」不過，他肯定的說，「我們不是作白日夢的人，我們不是在說不可能的事 (We are not daydreamers, we are not speaking of impossibilities)」這表示他確信培養哲學家或政治家的教育大計是可行的，故藉以締造正義之邦亦可寄望。

以教育培養美德：通往哲君的途徑

柏拉圖的教育藍圖，在實踐上，大致可區分為三個階段：其一為基礎教育，即是二十歲之前的教育。嚴格的說，學前教育是以「胎教」為起點，即孕婦應受妥善照顧，不可過份勞累，勿使受驚恐刺激，務求其身心平衡，俾胎兒在平安與祥和中成長。至

---

❷　Bertrand Russell, op. cit., p. 94.

於基礎教育階段，由於受教育者心智尚未成熟，灌輸其知識，切忌脈絡紛繁，以免負荷過重。作育之方，在科目上，可化約為「體育」與「音樂」二者，簡言之，以體育鍛鍊體魄，以音樂陶冶心靈 (gymastic for the body and music for the soul)，則身心皆得其所，當可獲致平衡並保持興味盎然，不致有所倦怠。

就鍛鍊體魄而言，某些作為，似頗受斯巴達的影響，例如受教育訓練者，一律須夜宿帳篷，並在公共食堂 (mess) 用餐，然而，並非完全斯巴達化，蓋柏氏深信正義的意涵在於各如其份，不可失之於偏頗，故王者之才及干城之才的培育，應講求平衡和節制，使強壯勿流於野蠻，勇敢勿流於凶殘。換言之，既要具有戰陣之勇，平素又含蘊溫文的氣質。又曾在教化中提示，對國之大敵宜乎勇猛，對國人則應溫和，並警告云：「勇敢須以理性加以節制，否則，將造成自我毀滅。」可見柏氏並不認同斯巴達祇求威武但卻粗鄙不文。這也是〈理想國〉教育何以要在體育之外同時重視音樂的緣由。

柏拉圖在教育科目中特別注重音樂一節，其間的含義，十分值得玩味。音樂一詞，古希臘是採廣義概念，即包括詩篇、歌詠、與舞蹈 (poetry, song, and dance)。荷馬和希西阿等人的詩篇是主要題材。不過，柏拉圖堅持不可照單全收，氏於〈理想國〉第三卷中跟葛若康的對話，強調音樂在教育上的重要性，非比尋常，因為不論是和諧美好的，抑或是腐蝕敗壞的，都是直入人的靈魂深處，何況青少年心智稚弱，易受迷亂，尤以引人入勝的故事 (exciting stories) 或樂章為然。

柏拉圖始終認為教育的宗旨不祇是給人知識，或訓練生活技能，更重要的是讓年輕人認識道德 (virtue)，進而成為一個好人（按柏氏不僅在〈理想國〉中作如是觀，即使在晚年的〈法律〉中亦

持相同見解)。有人問他音樂何以可作教育的重要工具？又何以與道德相關？答案是：節制是美德，合於正義，而音樂是使人節制的一種方法。何以故？柏氏以為節制就是得宜，也就是不過分，音樂講求和諧，故放縱或偏頗的詩歌，絕非上品。他很痛心地指出，詩人常以恣意浪漫顯現其才華洋溢，致音樂亦隨之淪為但求滿足耳目之欲的靡靡之音。

　　蘇格拉底與柏拉圖咸以人生崇高目的不在於富麗堂皇，而是善的生活，因而譴責雅典之所以視放縱為自由，以驕奢淫逸為志得意滿，或皆由沒落及荒唐的音樂肇其禍端。由於荷馬與希西阿的作品，不論良莠，皆為當時普遍欣賞和吟詩的題材。柏氏強烈主張〈理想國〉的音樂教育，不可牽於俗尚，凡屬可能導致腐蝕人心的篇章，均須予以揚棄。音樂的製作，悅耳動聽之外，還要融入德性之美，讓青少年的靈魂受到洗禮，予以潛移默化，方不致因縱情逸樂而墮入下流。並於無形中養成高貴的性格與氣質，待其年長之後，自然能恪守本份，而不致為非作歹了。

　　柏拉圖對音樂的見解，可說是與他的治國理念一以貫之。另一方面，也是得之於對雅典詩與樂日趨敗壞的反思。在柏氏的心目中，社會風氣的奢華和靡爛，詩與樂的墮落，實為禍害的根由，而詩人自難辭其咎，譬如當時的詩人往往將浪漫或狂傲的性格，恣意地反映在作品中，甚至稱讚可咀罵的，或咀罵可崇揚的❸，這當然會造成善惡不分，是非不明，如此混淆視聽，對青少年的教育更是遺禍無窮！

　　眾所周知，青少年心智尚未成熟，好奇心又甚強烈，最容易

---

❸　鄒文海先生遺著，《西洋政治思想史稿》，鄒文海先生獎學基金會，臺北，民國 61 年 11 月初版，附錄：「柏拉圖政治哲學中音樂的地位」，頁 465。

被迷人的詩與樂所誤導，作為教材的樂章，豈可不慎？故柏氏論及所謂陶冶心靈的教育時，總是強調千萬不可忽視真偽之辨。當他談到某些詩人的作品，顛倒黑白，但卻詭異動人，他便極為憤慨的說：「美麗的謊言乃人神共憤」(A genuin lie is hated by men as well as gods.)❸❹其深惡痛絕之情，可見一斑。柏氏因而聲言〈理想國〉的教育當斷然揚棄此類詩篇，不予吟唱，因為教育的最高境界既為培養有為有守的政治家，若詩篇的內容流於虛誇，狡黠，欺詐，使正義模糊不清，致他日在上位者巧言令飾，甚或以謊言惑眾，如何了得？這在現代著作自由、學術自由的前提下，由國家設定統一標準，予以種種限制，甚至橫加刪改，想必會引發很大的爭議，不過，若依循重視基礎教育的角度加以檢視，端正禮樂的內涵，慎選教材，藉以淨化青少年的心靈，諄諄善誘，使其心志光明磊落，以免誤入歧途，可謂用意至佳。如只以現代眼光批評其作法上極權或不民主，從而否定其發人深省的教育思想，恐未必允當。

　　至於對早期教育科目的設計，應繁應簡，容或見仁見智，柏拉圖祇以體育與音樂作為青少年教育的總體內容，實屬空前之舉，究竟該如何評價？古希臘固聞所未聞，見所未見，自然視為異端；在現代人看來，恐亦覺得不可思議，蓋青少年耳聰目明，正是學習的大好時光，對知識的汲取，怎可如此單調？豈非坐誤良機？殊不知柏氏的構想，自有其深意，已如上述。反觀近世的國民教育，在許多國家，特別是非西方世界 (non-western world)，由於升學主義的壓力，在基礎教育階段，所設定的科目至為紛繁，其間久已視音樂與體育為「副科」，因而受重視的程度遠遜於所謂「主

---

❸❹　Plato, *Republic*, *in Oxford World's Classics*, a new translated by Robin Waterfield, Oxford University Press, 1988, p. 78.

科」，不過聊備一格，甚至淪為裝點門面而已，只有加強所謂「主科」，並且「填鴨式」地、囫圇吞棗地、記誦自然科學及社會科學的諸多科目，受教育者因負荷沉重，多被動地在厭倦中吸納知識，不免興味索然，其身心很難不受傷害。誠然，在追求「主科」優異成績俾得以進入名校的惡性競爭中，音樂與體育因無關宏旨而形同虛設。學校與家庭皆遷就此一現實，青少年只能隨波逐流，不可自拔。這般的基礎教育，彷彿讓登山者未上高峰之前，即已筋疲力竭。

回過頭來，欣賞並領會柏拉圖只以音樂與體育作為青少年教化的全部，可說在起跑點上先蘊育豐沛的活力和靈性，藉以迎接更艱難的挑戰，顯見其設想看似簡單而實非等閒，用心之深遠，義理之通達，值得近世教育家三思其意。

其二為高等教育，亦可稱為科學教育，於二十歲至三十歲之間施行。柏拉圖所謂科學與近世的科學概念未盡相同，其重點為術數之學，旨在認知事物的原理與形式，進而瞭解「至善」的觀念。就教學的科目而言，通稱為科學，柏氏特別重視幾何學，因幾何學是訓練推理的，可提升人的思維能力，從平面以至於立體，乃是啟發心智的寶鑰，在應用上極為廣袤，甚至包括軍事方面亦當借重幾何學❸。不過，技藝上的功用，猶其餘事，柏拉圖對科學的主要寄望，則是在於為認識真理鋪路，也就是為哲學研究作準備。

幾何學之外，另有天文學及聲韻學。前者在於探索立體空間的奧祕，後者則是著意於聲韻之美，一則可藉以領會詩與樂之神髓，再則可從而涵養和諧與協調的美德，凡此俱為治理眾人之事

---

❸ Louis P. Pojman, *Classics of Philosophy*, Oxford University Press, 1998, p. 188.

者不可少的稟賦和氣度。論者嘗謂柏拉圖的教育理論跟希臘的術數之學具有微妙關係，一方面在淵源上他深受畢達哥拉氏學派的影響，再者，他的左右已有若干數學家與天文學家常相過從。據說他在所主持的書院中，曾徵求將各行星間顯然不規則運動化約為一幾何圖形，結果係由奈多斯的歐多達斯 (Eudoxus of Cnidos) 其人圓滿達成 ❸。從這些殘留的資料中，不難推斷科學在理想國教育中的重要地位。

高等教育的最高層次為哲學教育，從三十歲至三十五歲，為期五年。應可稱為訓練哲學家或政治家的教育，以言科目，可謂思辨之學，落實的說，乃是辯證法 (dialectic) 的訓練，這在當時並非侷限於學校教育的意涵，而是兩人或若干人的對話或辯論，柏拉圖的對話錄便是典範，無論柏拉圖與蘇格拉底之間，蘇格拉底與哲人派諸多辯士之間，在在可尋繹辯證的精彩案例。故論者嘗謂蘇格拉底畢生最偉大的志業，就是雄辯滔滔的對話 (For Socrates, the greatest business of life was conversation) ❸。其辯論的主題，往往是正義或真理，在方法上，可從一點延伸至全面 (from particular to universal)，亦可依據通則或概念 (the general concept) 去詮釋某些具象。這種辯證的議論，今世學界稱之為蘇格拉底辯證法 (Socratic dialogue)。譬如蘇氏總是透過辯證邏輯，反駁哲人派謝索馬秋之流的正義觀，指摘「正義是強者的利益」之說的偏

---

❸　Eudoxus of Cnidos (390–340 B.C.) 為希臘數學家，並富有哲學素養，參閱 North J., *The Fontana History of Astronomy and Cosmology*, London: Fontana. (A useful description of Eudoxus' geometric model). 另見 *Concise Routledge Encyclopedia of Philosophy*, London and New Youk. 2000. p. 260.

❸　G. B. Kerferd, op. cit., p. 103.

頗而不周延，似是而非。解析的說，立論不可袛執著於某一自以為是的個別認知，而是要透過反覆辯證，不僅要言之成理，亦須不悖於普遍原則 (universal principle)。經這般訓練之後，自可明辨是非，舉凡人生觀宇宙觀之理則，當能了然於胸臆，具備此等哲思與睿智者，即為國之菁英。

領受哲學教育之後，縱然已是王者之才，仍須再經十五年之歷練（三十五歲至五十歲），是為實習。即令其模擬從事文武實務，待通過重重試鍊，教育的作為才算達成。換言之，菁英之士，遲至五十歲之後，才告學成而出任國之要職，論者不免詰問，人生幾何？何需如此拖延？未能趁年華大好之際，蔚為國用，豈不可惜！如揣摩柏拉圖之意，想必是治國之事何其重大，當然應力求完美，故不論教育的本身，或出任艱鉅之前的歷練，皆須以臨深履薄之心境，謹慎從事，三十年時光造就賢能的治國者，應屬十分值得。我人曾推崇〈理想國〉之基礎教育，執簡馭繁，奠定優良的根基，乃是卓然不群的宏圖。特別是高等教育的設計，考其用意，無非強調政治家除培養才華之外尚須歲月的苦苦琢磨，更是別具創意。

縱觀柏拉圖的教育構想，不論自孩提階段以至於青少年的體育與音樂，其後的術數之學，以及二十歲到三十歲的辯證研究，揉合了美學、數學、與哲學的訓練，等於從小學、中學、大學、及研究院，一以貫之，無非是要培養美好、強健、和諧、平衡、與節制等諸多德性。

柏拉圖雖甚重視教育，並確信造就一流政治家的可能性 (possibilities)，但亦不否認，無論如何，教育的功能是有其限度 (limitation) 的，他曾說過：「想把銅人變成金人，教育並非仙丹靈藥 (Education is no alchemy to make golden man from copper talent) ❸。不

獨此也，教育縱然可增進人的知識和技藝，甚至端正人的品行，但很難改變人性，徹底地祛除人性的弱點。譬如即使是以理性見長的金質人，亦難免會受欲望的引誘，因私利而損害公道。這說明柏拉圖並沒有被自己的理想所欺騙，不啻默認若謂金、銀階級比銅鐵階級足以抗拒腐化，不過是五十步笑百步而已。

㈣共產公妻

柏拉圖在〈理想國〉中，以很大的篇幅討論政治家的教育，並設定種種嚴密的規範和步驟，但最後還得認知，不論多麼好的教育亦有時而窮。換言之，祇憑藉教育的感召，要讓治國者絕對無私，恐怕並不樂觀。有鑒於此，他似乎已是別無良策，只得把思維推向「終極之好」的極端，乃設想如何從根本上斬斷統治階級的私心，乃倡議共產公妻。

共產公妻的緣由

柏拉圖所謂共產，在詞彙上與近代的「共產」一詞相重合，很容易讓人推想這位古代的政治思想家為近代共產主義的鼻祖，這實為一項重大的誤解。其一，柏拉圖的公產主義（嚴格的說，稱之為共產主義並不允當）是屬於政治而非經濟的領域，因為他並非主張整個社會的共產，亦並不關切人間的財富是否平均或是否公平，更未主張由政府去干預所得與分配，進而強制生產工具的共有。最突出的一點，共產公妻的範圍僅限於治國者與護國者，即祇以金質與銀質階級為特定對象，銅鐵質者不在管束之列。蓋依據柏拉圖的觀念，前者既具長於理智及勇於犧牲的情操，故可託付節制私欲的寄望；後者素性偏好貨利，恐很難逆勢強求。考

---

❸ Maurice Cranston, op. cit., p. 17.

其用心，在在著意於造就無私的治國階層，倘若天資稟賦的精挑細選，以及後天教養的千錘百鍊，猶不足以保證治國者絕對合於公道，那末，最後一道防線，就祇有釜底抽薪，澈底杜絕居上位者趨於腐化的誘因。可見柏拉圖的共產公妻只是一種手段，藉以了卻金、銀質者私情之累，使其銳意報國，而無子女玉帛的後顧之憂。

　　其次，柏拉圖的公妻之想，亦基於優生的考量，即為了保持金、銀階級的優良品質，在作為上，由國家管制婚媾對象，禁止金、銀質與異質者結合，俾優秀人種不致退化，同時，治國者與護國者的後代，甫出生即應公育，但其生母可至保育所哺乳，以一段時日為限，避免相互認識而滋生親子關係之糾葛，其用意無非是防杜家族之私。

　　總之，柏拉圖的共產之說，跟平均財富進而打破階級之間的不平均扯不上關係。他之所以如此主張，乃是為了淨化治者的靈魂，既無產業，又無妻子兒女，在政治上或政府中，當可摒除私心自用或因豪奪巧取而衍生的動亂了。

　　柏拉圖在闡述〈理想國〉教育的討論中，肅穆之中，總是洋溢著和諧而不走偏鋒的氣象，對於那些輕狂的，偏激的，荒誕不經的，或是充滿殺氣的詩篇，毫不猶疑的大加撻伐，即使是權威大師如荷馬者流，亦不例外。其所標榜者，一言以蔽之，是為「節制」，強調行為合乎正義的人皆應看重此一美德。然而，共產公妻的主張，似乎嚴重地悖離了這個原則，不免讓人感到十分訝異。誠然，乍看之下，共產思想，何其凜冽？跟〈理想國〉通篇的義理不無扞格之處，甚至會招惹疑惑，這位正統而又保守的思想家，何以不旋踵而成為冷酷的過激主義者。其實，我人如在批判共產公妻的弊害之前，秉持同情的瞭解，冷靜地研析此一理念的背景，

當可察知其所以然的緣由。

我人不可忽略，希臘的內亂，雅典的黨爭，當權在位者交相爭權奪利，可說是無處無之，始終難以止息。這種腐化或惡質化的現象，久為政治學者所詬病，只是苦無對策。這對於向以治國平天下為職志的柏拉圖而言，當然會引為胸中塊壘。他雖從不關心經濟，包括財富不均所造成社會的不公道，但當他發現經濟腐蝕了政治，更明確的說，利之所在，讓治國者與護國者動了凡心，壞了品格，甚至玩弄權位各為其私，則理想國的宏圖將盡付東流！於是嚴防當權在位者之私欲，遂成為首要課題，共產公妻的心念，遂應運而生。

柏拉圖並未多談共產公妻是否可行，亦未詳談如何促其實現的細節。此一概略的主張，顯然除深受希臘實際政治中治國者莫不循私以自肥的刺激之外，還有更難以釋懷的憂慮，那就是有感於苦心孤詣地政治家教育，若仍不足以醫治人性之貪婪，使王者之才大公無私，則正義之邦何所寄託？在別無選擇的擠壓之下，遂有讓治國者與護國者共產公妻之想，使其無私無累，齊心為國，豈不善哉？

對共產公妻的評論

平情而論，柏拉圖共產公妻的主張，讓統治階級在私領域中一無所有，委實令人快意，似極為脗合其所標榜的公道理念，惟揆諸人性，此一主張既不合情理，又窒礙難行。按柏氏才智過人，何以對此竟無所見？只能說這位清簡自守的哲學家萬分急切地寄望於政治家的白璧無瑕，因而陳義過高，此一偏激創說的產生，似並非出於他片面的遐想，因為當時以征服者或治國者自居的斯巴達人 (Spartans)，在受訓練的過程中，其食住均由國家供應。一

般的印象，斯巴達人，作為治國者，作為勇士，對利得之事，不
屑一顧。事實上，統治階級，依法不得經商圖利，甚至不准使用
錢幣，在柏拉圖的心目中，這或許即為共產。其實，那只是斯巴
達公民流行的價值觀，並非真正的共產，因全國的土地均為貴族
所有，耕作者不過是農奴 (serf) 而已。但不論如何，斯巴達嚴禁統
治階級從事商賈，亦不許藉權位謀求私利，想必對柏拉圖頗有影
響。

　　柏拉圖的共產公妻思想，其目的是要統治階級絕對無私，問
題是自私既為人性難以排除的弱點，金、銀質者也是人，唯獨強
求他們共產公妻，澈底斷絕其私欲，其間的爭議，無待於以近代
的認知來作批判，他的學生亞里斯多德就曾提出平實而有深度的
評論，指摘師門共產之說，既不明智又不可行。一則共產足以扼
殺自利的誘因，必然無從激發勤儉意志，導致無端的浪費，且共
產的結果，囊中如洗，讓慷慨好義成為一句空話，可見為正義而
共產，卻是毀壞了正義。另一方面，共產使統治階級皆歸於無產，
似可止息彼此征利，從而達成柏拉圖所要求的一致原則 (principle
of unity)，豈奈爭端不一而足，譬如權位之爭，依舊未必能因共產
而倖免。依循宏觀的角度審察，國家的本質實為一蘊藏豐富和屬
性複雜的總體 (a complex whole)，就積極面而言，如何鼓勵各自揮
灑創意，相互發明，當可獲致多彩多姿的成果；至於排難解紛，
不宜只憑教訓，而是應設定規範以消弭矛盾，平衡歧見以增進和
諧，才是正途。若祇刻意強求一致，壓抑多樣的見解皆「定於一」，
終將造成智慧的枯萎，原意在於杜絕紛亂，務求「眾志成城」的
統一，在表象上固屬井井有條，惟其所衍生的負面影響至為深遠，
亞里斯多德曾以嚴峻的語氣，稱之為自我毀滅 (self destruction) 的
危機。

　　另一難以抒解的問題，統治階級因共產而無產無業，被統治者卻可擁有私有財產，形成極不協調的對比，由於利害關係上的落差過大，彼此的價值觀必然南轅北轍，紛爭自不可免。何況共產制度非希臘所固有，不免引發非議，而一國之內，部份共產，部份私有財產，其間紛擾，更是難以想像。

　　至於公妻一節，或許由於亞里斯多德的婚姻與家庭極為美滿，對終身無妻室的柏拉圖之此一主張，批評至為強烈，亞氏認為家是國的根本，柏拉圖為了斷絕統治者的私心，本意是成全不貪婪的德行，但公妻無家，無形中摧毀了倫理道德中很要緊的一條命脈，因為如無家庭維繫，親情無法生根，況且刻意不許父母子女相識相親，使其淡薄如路人，實有虧於情理，亞里斯多德描述這種情景，作一比喻云：猶如「將一滴美酒摻和在大量的水中」(A little sweet wine mingled with a great deal of water)，何其乏味？情何以堪！亞氏又云，若今統治階級無室無家，孑然一身，權威之外，全無家庭的溫暖和親情的滋潤，其心性可能流於冷酷，對下一代的愛心和責任感，也是一片蒼白！至於自幼即不知身在何處及父母為誰的子女，更是問題重重，由於欠缺親情之愛，縱然給予音樂的陶冶和體育的鍛練，其人格的成長，亦恐難臻於健全，這種人「一朝權在手」，很可能成為酷吏或暴君，怎麼指望他們「愛民如子」呢？亞里斯多德的評論，富有近代的批判精神，遠遠地超越了柏拉圖的象牙塔，他依據人性而肯定私有財產觀念，顯然為近代正統經濟學派所接納。關於反對公妻與重視家庭的論述，更是擲地有聲，即使以近代眼光視之，亦極為可取。以是之故，似已無待於今人之批評，柏氏晚年在〈法律〉篇中便絕口不提共產公妻的主張了。

三、什麼是好政體

在古往今來的政治史上，不斷追尋答案的問題之一，乃是何者為好政體？或什麼是較好的政體？

賦予法律在政體論中的角色

在柏拉圖〈理想國〉的著述中，這原本不成問題，因為當時所謂地上的城邦，不論何種形式，均不完美，甚至莫不污濁，無一可取，唯理想國是非凡的城邦，由無私的哲君治國，不拘體制，不囿於法律規章，當然是最好的。及至他著〈政治家〉篇，在名稱上看不出有什麼改變，前已言及，〈理想國〉總是把「哲學家」和「政治家」視為同義字，然而，審察〈政治家〉篇的內容，實已偏離〈理想國〉所描繪的「天上城邦」，儘管在強調政治家如何「完美」故萬眾應一體追隨的說詞上，依然並無二致，但值得注意的轉變是在討論政體好壞之際，他竟然談到〈理想國〉中本無容身之地的法律，並且賦予一個相當重要的位置，即分辨政體腐化與否，係以受制於法律或不受法律約束作為分野。譬如由一人統治 (rule of one) 而受制於法律者為君主政體 (royalty)，不受法律約束者為暴君政體 (tyranny)；由少數人統治 (rule of few) 而受制於法律者為貴族政體 (aristocracy)，不受法律約束者則為寡頭政體 (oligarchy)；由多數人統治而受制於法律者為民主政體 (democracy)，不受法律約束者為暴民政體 (democracy)（按在柏拉圖心目中，democracy 一詞是民主政體亦是暴民政體，故二者在用語上相同）。

在〈理想國〉對話中，柏拉圖向來主張由不愛好權位的人握

有權位，世俗中人或難以相信，人間哪有不愛好權位之人，但柏氏所言的哲學家或政治家，因有大智慧而又無偏私，故能視富貴如浮雲，其所以扮演治國者的角色，並非重視權位，而是以蒼生為念。如此睿智的明君在位，當然是最好的，那末，法律的制約，反而是敗筆了。

　　何以在〈政治家〉篇中提及法律，並以治國者守法與否論其短長？是否〈理想國〉的一貫信念已然有所動搖？論者較為持平的看法，多謂〈政治家〉篇之作，恰好在柏拉圖一再前往西勒庫斯獻策遭致挫敗之後，有感於實際政治的黑暗，在思想上不免受到很大的衝擊，因而產生了君主不受法律約制 (unrestrained by law) 是為暴君的心念，於是提出在〈理想國〉中未曾說過的論述，那就是受法律約制的君主政體最好（理由不贅），否則便是暴君政體，由於大權繫在一身，作惡無所牽絆，其後果自然不堪設想。至於由多數人統治的民主政體，即使受法律約制，亦乏善可陳，因在位者來之於選舉或抽籤，多屬平庸之輩，且政客操縱，大眾很難不受愚弄；但如處於法度鬆散的亂世，雖稱之為暴民政體，卻相對的優於暴君政體，何以故？因為多數人統治，事權不集中，意見紛紜，在種種的約束之下，做好事固屬欠缺效能，作惡亦較為遲緩，蓋其體制在本質上居於弱勢 (essentially weak)。柏拉圖原本從無例外的貶抑民主政體，可是在論及趨於腐化之際，反而異乎尋常地稱民主政體較好，並非對暴民政治的印象有所改變，不過是本於害從其輕之意。

　　關於由少數人統治的貴族政體（或敗壞之後的寡頭政體），其好與壞則是介於君主政體和民主政體之間。

　　柏拉圖在〈政治家〉篇中指出政體可能腐化，意謂當時的君主政體、貴族政體、及民主政體可能逆轉為暴君政體、寡頭政體、

及暴民政體，其辨識的條件即以守法與否為準據，至此，無形中在〈理想國〉政治哲學的架構之外，賦予法律一種地位，這似乎跟原先的基本理念不相協調，但如換個角度來看，也表示他並非始終沉迷於一己所營造的理想境界。當他心有所感地體認政體難免會趨於腐化時，乃不得不回過頭來正視法律，可說是迫於現實的一種讓步，批評家固然可從而指摘這是義理的或邏輯的矛盾，但我人不要忘記，柏拉圖即使在〈理想國〉的對話中，亦曾說過人性有其不完美的一面，如不能發揮取法乎上的靈性，可能往下沉淪而流露獸性，故謂「人是介於神明與野獸之間的名詞」(Man is a middle term between the gods and animals) ❸，殼中意涵，或可解釋為有理由肯定法律之重要性的一個伏筆，這當然亦可視為後來著述〈法律〉篇的一個起點。

政體沒有絕對的好壞

〈政治家〉篇對政體的討論，其間談到政體好壞的問題，彷彿強烈的暗示，沒有絕對的好壞，也就是說，世間並無一種政體具有「放之四海而皆準」的優越性。反之，亦不至於在任何情境之下，都是最壞的，氏曾提及，君主、貴族、與民主政體，可能皆有某些合於正義的地方 (a kind of justice)，析言之，很難從政體形式的本身，論斷何者為優，何者為劣。舉例來說，若幸得哲君，則君主政體顯然是最好的，若為暴君宰制，此由一人治理的體制，頓時變質，任憑獨夫為所欲為，其禍害難以言狀。

〈政治家〉篇，其原意或許只是〈理想國〉的後續論述，試圖較為落實的探討問題，惟在指涉政體腐化過程之際，卻從早期的貶抑法律轉變為重行予以肯定，並藉以衡度政府體制，無形中

---

❸ Roger Chance, op. cit., p. 73.

成為政體論的一大創獲，那就是不可只從平面上一成不變地尋求什麼是最好的政體。不僅在柏拉圖的時代，民間以至於學界，久已偏執在對比上講求政體孰優孰劣的迷思，即使時至今日，談政治的人，依舊難以擺脫究竟是總統制、內閣制、或雙首長制何者最為可取的爭論。柏拉圖之後，亞里斯多德在其巨著《政治學》中，或許得之於師門的啟迪，已能圓熟地闡揚〈政治家〉篇所揭示的相關理念，且有青出於藍的意味。但願現代人亦能見賢思齊，不要對於此一課題爭長論短，老是在刻舟求劍的思路上打轉。

政治家是理想國的最後希望

〈政治家〉篇雖提及法律，論者多謂此似為後來的〈法律〉篇鋪路，這麼說，並無不當，不過，此間所言法律，比之於〈法律〉篇，在本質上大異其趣，蓋柏拉圖對〈政治家〉篇的命名及所賦予的內容，並未扭轉其人治主義的傾向。這可從該篇相關的重點闡述中得到論證。諸如政體的腐化既難以避免，而暴君政體與暴民政體，均足以導致專橫和紛亂，職是之故，他在理論上總是不能忘情於兼有碩德與睿智的政治家，雖屬鳳毛麟角，惟一旦得之，即可免於喪亂的命運。由於政治家絕對無私，且智能卓越，其所具備的條件既是無懈可擊，故理當擁有絕對的權力，芸芸眾生的意見和典章制度的規範，均不可用以約束政治家，此無他，民意也者，在柏拉圖看來，不過是世俗之見，以及基於世俗之見所制定的法度，當然亦無甚高明，怎可據以拘束有為有守的政治家？氏曾列舉動人的比喻，以示其理念之顛撲不破。最著名者謂政治家如同良醫，求醫者只祈盼能將疾病治癒，當然不可告知醫生如何治病；並謂不論醫生的診治行為是否合於病人之意，抑或與病人之意相違背，皆須順從醫生，蓋良醫高明，而病人對醫術

之認知有限，豈可自作主張；又不論醫生之診斷與處方，係依據醫書，或得之於臨床經驗，甚或自出心裁，病人莫明其所以，故無從置可否。另一流傳久遠之比喻，謂政治家如同海上航行的舵手，當然只能由訓練有素的舵手全權操作，面對驚濤駭浪，怎可任憑恐慌失措的乘客眾說紛紜，以決定何去何從？此等比喻的意涵，無非是強調政治家具有絕對優越的條件，故應擁有治國的絕對權力。此間所言，仍不脫離〈理想國〉的正義觀與哲君思想，其一再著墨於應仰望政治家之所以然，不過是強化人治的正當性，就這一點來說，〈政治家〉或可視為〈理想國〉的一個註腳，從而不難解，何以有人認為〈理想國〉仍可籠罩〈政治家〉。

　　柏拉圖在〈政治家〉篇中所作的比喻，甚為傳神，在義理上亦頗能令人折服。然而，治者與被治者的關係，是否相當於醫生和病人的關係？或恰好等同於舵手與乘客的關係？嚴格的說，恐怕並不適切，亦不無爭議。

　　〈政治家〉篇雖留戀〈理想國〉的基本理念，但慨言政體腐化幾不可免，卻又同時稱道政治家為全智全能的哲學家 (all-wise philosopher)，他之所以一面感歎政體腐化，一面重提政治家的風範，言外之意，似乎是指舉世滔滔，政治家格外值得推崇。其實，論其感受，還不如說在於凸顯或影射當時希臘政局的敗壞，諸如蘇格拉底之死，以及他投身於西勒庫斯受辱於暴君，在在顯示理想付諸流水，不免對實際政治悲觀，遂有政體趨向腐化之說。暴君政體、寡頭政體、及暴民政體，在希臘化的世界中，比比皆然，似可作為其理論之印證。其何以故，一言以蔽之，實因當權在位者受欲念之支配與私心自用所致，面對污濁的塵世，柏拉圖心目中的政治家，猶如大旱中之甘露，可說是理想國的最後希望，因為不論何種好的政體，都可能由於治國者一念之私而歸於敗壞。

四、哲君的理想

　　按照柏拉圖的信念，不論何種體制的國度，總要明辨是非曲直，然後擇善固執，依公道而行，政治方可清明。相反地，歧異或妥協，流於詭譎和機巧，不免導致紛亂！治國唯一正確的道路(There must be only one right way to govern)，就是要一心一德，堅持全國一致的原則 (principle of unity)，也就是要聽從「哲」君的統治。

㈠哲君是理想國的最高境界

　　「哲君」何以是理想國或正義國家的最高境界？根據柏拉圖的認知，政治的根本問題，大致可化約為兩大癥結：其一是治國者因無知 (ignorance) 所衍生之種種禍害；其二是由於治國者的權位之私，後者尤其是國家社會動亂的根源。概括的說，世俗中人，恐難跨越這兩大關口，唯哲學家具有卓越的知識、品德、與智慧，最為難能可貴者，乃是看輕人間名位的高風亮節，其所以從政，非為名位而來，祇是以蒼生為念。反觀世俗中的當權在位者，縱有雄才大略，但由於不諳哲理，欠缺深思遠慮，更大的問題是不能廓然大公，很難克制私欲的誘惑，不免弄權或沉迷於聲色貨利，以致演化為暴君專橫或財閥政治，自無公道可言。

　　至於所謂「哲君」則是異乎尋常的格局，蓋哲學家因睿智而能洞燭機先；另一方面，因碩德而能無私無我，故哲學家為王，必能撥亂反正。正因為柏拉圖看透了人間的權位之爭，故主張應將權位交付給不愛好權位之人，如其不然，世俗中的任何國度，任何英雄好漢，皆難倖免於腐化與傾倒的宿命。以是之故，他在

〈理想國〉中斷然地作了結論:「直到哲學家為王,或者世上做王的人,真正誠意地接納哲學家的智慧……那就是說,直到政治權力與哲學相結合 (political power and philosophy meet together),正義之邦才有指望,否則,舉世擾攘,盡是無休止的紛亂!」❹

㈡哲君的另一層意涵

按哲學家手無寸鐵,何來政治權力,有誰肯拱手把政治權力交付給不愛好權力之人? 那末,無私無我的哲學家,又如何與政治權力相結合? 故論者或讀者多視此一境界為可望而不可及的理念,因而稱柏拉圖為理想家,甚至諷言其為空想家。其實,這是因為固執「哲君」一詞所作的直線思考和論述,倘若不過份簡略地望文生義,而是同時細心品味所謂「政治權力與哲學相結合」的意涵,當可不致斷言其必然流於空想。析言之,「哲君」乃是具有統攝性的概念,理當包含後續地陳述和詮釋:「……或者世上做王的人,真心誠意地接納哲學家的智慧」。我人以為這是至關緊要的理解,因為這麼看來,「政治權力與哲學相結合」之說,便顯然並不渺茫;亦從而可知,柏拉圖並非不明白「哲人為王」乃萬世難逢的事,所以才退而冀望現世被稱為王或統治者 (Those who are called kings and rulers) 善待哲學家,並真心誠意地接納其充滿智慧的哲思與忠言。果如此,也就相當於「哲人為王」了。從以上的解析和領會,「哲人為王」一詞,或許該視為具有典範意義的象徵,其理念可望付諸實踐的則是哲學家與治國者的融合 (harmony)。

雖然,在實際政治中,當權在位者,往往具有反知的傾向,所謂忠言逆耳,但崇賢納諫的明君,亦不乏其人,可見智慧 (wis-

❹   Allan Bloom, op. cit., p. 309.

dom) 與權力 (power) 並非絕對不能相容。若以歷史眼光審視，古往今來，欠缺智慧的權力 (unwise power) 與毫無權力的智慧 (powerless wisdom)，總有可能或某種程度的結合，如能風雲際會，使二者相輔相成，便得造就盛世或可觀的事功。今世民主國度，大權在握的治國者，多設置幕僚體系於左右，才智之士雲集，若能垂聽兼用，自可彌補一己之不智，進而汲取高明的方策，多少亦可展現「哲君」的氣象。惟在上位者，鮮有不失之於權力的傲慢，致可供諮詢的幕僚，很難施展才華，上焉者因苦無用武之地而失落智慧的光彩；下焉者則仰體上意或隨波逐流。於是治國者之「智囊」雖多，但卻囊空如洗。

揆諸情理，做王的人，即使為了江山，為了鞏固權位，亦當仰賴才智之士的輔佐，惟檢點歷史的昭示，有風骨有智慧的謀臣策士，受重用者卻是甚為寥落，考其緣由，一則雄主多不肯自甘於無為，往往難容敢言直諫之士；再則不論古之賢相及今之優秀幕僚，其角色地位，不過是臣下或部屬，在進言與獻策之際，不免有所顧忌，由於這種官僚體制的消磨，無形中讓許多真知灼見在寒蟬效應中退避，尤其遭逢居上位者未能「親君子而遠小人」的情境之下，更會造成「黃鐘不響瓦釜雷鳴」的歪風，則柏拉圖所言「政治權力與哲學相結合」的境界，自然無從實現。另一種景況，若遇聖君或開明的治國者，那末，「真心誠意地接納哲學家的智慧」之可能性，應該是肯定的。

從以上的討論中，不難獲致一項重要的認知，那就是哲學的智慧能否駕馭政治權力，固然有待於治國者慧眼納賢，並予大力倚重。另一方面，實有賴於制度化的突破，跨越官僚體制與官場積習的格套，使有所為亦有所不為的哲人願貢獻其才智，而又毋須懼於居上位者的權威。我國清代的幕（賓）府制度❹，值得玩

味，按所謂「幕賓」，顧名思義，乃官居要津者之賓客，是策士，但不具長官與部屬的關係，其所以作為「入幕之賓」，係基於「士為知己者用」的心情，甘願竭智盡忠，其目的在於為知音效力，以成就大事。此等幕賓，既然志不在名利，故得以維繫不忮不求之清流地位，通常皆備受禮遇。正因為並非主官之僚屬，有所評議或獻替之際，自可從容應對，處之泰然，而不必迎合居上位者之好惡，及至面對「道不同不相為謀」的困境時，則拂袖而去可也。其間的道理，頗有超越官僚體制讓「權力與哲學（才智）相結合」的意味。

清代的幕（賓）府制度，可說是「臣屬政治文化」(subject political culture) 之下的奇景，就君臣之義或長官與部屬的結構而言，這種作為是很孤立的，端賴儒家思想中士君子素養的支撐，在當時的官場文化或政治氣候之下，並不具有成長的條件，但不論如何，幕（賓）府制不失為頗有啟發性的歷史痕跡，值得重視，若能善為宏揚，並研究如何予以制度化，或許得以抒解政治權威欠缺智慧及才智之士淪為附庸的困境，則不啻某種程度的體現了柏拉圖〈理想國〉「哲君」思想中「權力與智慧結合」的理念。

五、結 語

本篇定名為「柏拉圖及其理想國」，乃隱含以〈理想國〉為代表作之意。其實，對〈理想國〉的論述，很自然地會牽動柏氏思想的全局，譬如就政治思想而言，〈理想國〉與〈政治家〉及〈法律〉之脈絡相關，故於研析其演化過程時，雖未列述〈政治家〉與〈法律〉，但亦予扼要論說，藉以闡明〈理想國〉之變動始末，

---

❹ 參閱繆全吉著，《清代幕府制度之研究》。

以及其間之意義，筆者之所以擬定此一章法，係有鑒於柏拉圖的
著述「易讀難懂」，尤以〈理想國〉為然，故有必要將其來龍去脈
交代清楚。

(一)哲學家抑玄學家

　　論者嘗謂柏拉圖〈理想國〉之作，正是因為他看不上現實世
界的政治，遂著意於建構一個想像中的國度 (an imaginary commu-
nity)，以期作為典範 (to serve as a paradigm)❷。誠然，〈理想國〉
可作為政治理想的典範，但〈理想國〉並非只為留下典範而作。
學界常因其理想色彩濃厚，乃順理成章地稱柏拉圖為理想家，又
因其所思所言陳義過高，難以實現，甚至稱他為空想家，此一誤
解，雖已成為歷史上積重難返的成案，然而，我人以為治西洋政
治思想史者，理當予以澄清。故筆者曾依據柏氏生平的經歷，特
別指出他之所以一而再、再而三的不畏險阻，前往西西里小王國
向在位者獻策，顯然是為了想落實其所秉持的理念。因而十分認
同柏拉圖不是一位「坐而言」的人，並謂著書與講學非其初衷也。
　　此外，在政治家的教育或「哲君」治國的相關討論中，亦可
印證〈理想國〉並非空中樓閣。一般的看法，總是以「哲君」為
空想，或無法成真的美夢，按此一流傳久遠的成見，實因執著「哲
君」字面上的解釋所致，析言之，人們總是對「哲君」一語望文
生義，而忽略了「政治權力與哲學相結合」的意涵。前者彷彿是
在天上，後者則是屬於人間國度可能的作為了，對「哲君」的認
知，豈可只知其一，不知其二。
　　以上的辨識，無意於標新立異，只不過是教人勿輕易附和人
云亦云的誤解。顧名思義，〈理想國〉的崇高理想，不免予人以高

----

❷　同註❶。

不可攀之感，這一點，即使是柏拉圖本人亦未否認，在〈理想國〉第四卷中，阿狄曼特斯 (Adimantus) 對理想國的評語有云：「我想這般的國度（指理想國）在地球上是找不到的 (I think that it can be found nowhere on earth)。」蘇格拉底（柏拉圖的代言人）答道：「也許吧，它只是遠在天邊的一種境界，提供給有意追尋的人，取法乎上，故它無貴乎當下的存在，抑或寄望於總有實現之日……」❸這麼看來，較為公允的說，柏拉圖是一位哲學家，政治思想家，但不是玄學家 (mystic)。

㈡柏拉圖的蘇格拉底

在蘇格拉底究為「歷史上的蘇格拉底」抑或「柏拉圖的蘇格拉底」之討論中，筆者並未一頭鑽進考據的洞穴，一則因為非我所長，再則竊以為無此必要。蓋蘇格拉底述而不作，其所思所言，多由門人弟子傳述而來，譬如柏拉圖與則諾芬 (Xenophon) 的說法即不甚一致。史實真相如何，幾無可考。通說多以蘇為柏拉圖的代言人，故「柏拉圖的蘇格拉底」之假設，較為合理，亦能博得認同，但究竟在認證上恐怕有欠嚴謹，且不夠周延。如以柏拉圖為主角，則蘇格拉底在〈理想國〉中的議論，何者應歸之於其本意，何者為柏拉圖的化身，有待分辨，實又不易分辨。我人的結論，這個謎底是什麼？已是不很重要，概括的說，若謂蘇格拉底所言，乃是柏拉圖的心聲，應無爭議。

在〈理想國〉中，不但蘇格拉底與柏拉圖的身影飄忽不定，而且講述何謂正義的篇章，常以豐富的隱喻和耐人尋味的詮釋，

---

❸ Plato, *The Collected Dialogues*, including the Letters, edited by Edith Hamilton and Huntington Cairns, with Introduction and Prefatory Notes, Princeton University Press, 1996, p. 576.

反映嚴肅的課題，從不明言究竟如何。柏氏曾謂探討哲理猶如繪畫，既要栩栩如生，也要韻味無窮，並有言曰：「我是繪製理想國的人」(I am a painter of Republic)。賦予理念如詩如畫的意境，似乎刻意予人以遐想和論辯的空間，或以此故，檢討西方文明史，幾乎很少有書籍（除《聖經》外）在影響上可與柏拉圖的〈理想國〉相比，也很少有哪些書籍像〈理想國〉一樣，竟有如此多樣的譯本，或這般分歧及大異其趣的描述，至於對它的評價，更是南轅北轍，議論紛紜。例如前已言及，論者大多因柏拉圖著〈理想國〉而稱他是一位不切實際的夢想家 (an ineffective dreamer)，但也有人形容他是一位犀利的務實改革者 (a fiercely practical reformer)。尤其誇張的是他同時被稱為革命家 (a revolutionary)、保守份子 (a conservative)、極權者 (totalitarian)；甚至是法西斯 (a fascist)、及共產黨 (a communist)。

對於這樣的一位思想家，批評的人固然可以講，由於他言不及義，語焉不詳，而又故弄玄虛，致使後世的人一頭霧水，無所適從。但深一層想，正因為如此，對〈理想國〉的研究，才得以百花齊放，試問，設若蘇格拉底與柏拉圖在《對話錄》中，十分明確地闡述其哲思，則祇能揭示一家之言，或一種觀念，一個主義，便無從展現「海闊憑魚躍，天空任鳥飛」的界域，也就不能讓人不斷地心領神會，去探索這條充滿智慧的長河了。

㈢無私與公義的感召力

〈理想國〉的價值在於重大啟示，而不是其理想本身是否具體可行。

在思想史上，有許多思想家留下不少高明的教訓，而自己卻不在教訓之中，蘇格拉底與柏拉圖則不然，此二人所執著的若干

理念，不但當時的哲人派 (Sophist) 的巨頭如謝索馬秋和卡里克利斯之流，不假辭色，予以冷譏熱諷，即使對蘇、柏頗為敬重的友人如葛若康和阿迪曼特斯 (Adimantus)，雖屬秉持超然立場者，對於蘇格拉底強調合於正義的人最為幸福，反之，不義者終究可悲一節，也表示難以認同，因為世俗中人多以自我犧牲為苦，至少是不快樂的，有何幸福可言？其正義的作為，祇有在預期可獲美譽或利得時，方勉強而行之。然而，值得注意的是蘇、柏二人皆表裡如一，信守公道無私為治國平天下的理念（曾同聲指摘哲人派之流不成其為哲學家，因彼等主張所謂正義為強者之利益，實以私害公也），儘管塵世中人多視之為陽春白雪，曲高和寡，但如忠於史實，當不會懷疑其言不顧行。

　　蘇格拉底之死，其感召力，或許比他畢生摩頂放踵地講述之道理更為深入人心，例如當克瑞圖 (Crito) 獻逃亡之策時，蘇格拉底卻正色回話云：「盛情可感」，但隨後即予拒絕，理由是「我爭千秋，而非一時」(for I am not only now but always)❹❹。的確，蘇格拉底對「義」或「不義」的執著，遠超過生死之事，他在與人論及相關課題時，曾訴說其切身感受的話語：「人生難事，不在於逃避死亡，而是在於迴避不義」(The difficulty, it's not to avoid death, but to avoid unrighteousness)❹❺，他在以身殉道之際，亦曾從容言道：「時候到了，我上黃泉路，你們活著，何者較好，只有上帝知道」。又說：「為義赴死，將可與赫肯德 (Hsiod) 及荷馬 (Homer) 對話，那是多麼壯麗啊！果如此，就讓我一次再次的死吧」！語帶

---

❹❹　Plato, *Republic*(466)，引見：G. B. Kerferd, *The Sophistic Movement*, Cambridge University Press, 1981. Reprinted 1999, p. 102.

❹❺　Anthony Kenny, *A Brief History of Western Philosophy*, Blackwell Publishers, 1998, p. 25.

幽默之外，更嚴肅的反應是：「縱然讓我死一千次 (Though I were to die a thousand death)，我也不會改變我素來奉行的道理」❻。

這般大義凜然的遺言，不祇表示他是一位勇者，也展現超越世俗的智慧，同時亦凸顯他言行一致地為正義獻身，何其感人？其間的重大啟示，不僅影響了他的門徒和那個時代的仰慕者，且為千秋萬世精神文明的寶貴資產。

柏拉圖步趨其後（或者可說蘇格拉底在〈理想國〉中的言論思想，不過是柏拉圖的化身），弘揚道德與正義，而哲人派則予以強烈批判，力主所謂道德與正義，只是虛構的空想，不合於自然，唯自利 (self-interest) 才是人類生活的真實動機，此與大公無私的理念背道而馳，〈理想國〉借蘇格拉底之口，一再予以駁斥。前已言之，柏拉圖的「哲君」理想最顧忌者輒為治國者的私心，以是之故，後來乃不得不主張共產公妻，俾居上位者不得假公濟私，求田問舍，或以子女玉帛為念。誠然，該主張的本身，不免流於極端，未必合於正義，故晚年的法律篇乃予摒棄，但依然不容許達官顯貴以至於殷商富賈坐擁巨額資產，即依然堅持貧富懸殊不合社會正義。

蘇格拉底終身清簡自守，兩袖清風，柏拉圖亦然，可謂最有資格倡言富貴如浮雲，以及智者應置身物外與守住靈魂等理念，擴而大之，乃引申為〈理想國〉的結論：做王的人，若不能具有無私的哲學氣質，則國家以至於全人類，將永世不得太平。這有點像是預言，但其實不是預言，而是從政治現實中歸納出來的政治哲學，義理深遠，顛撲不破。惟依常情衡度，人而無私，如何能夠？豈非大言炎炎，流於空談，但對柏拉圖而言，那祇是推己及人，設想治國者應有之節操與風範，今世看來，縱然是戛乎其

---

❻　F. M. Cornford, op. cit., p. 35. 原文出於 "Plato's Apology"。

難，我人以為至少可作為暮鼓晨鐘，發人深省，尤其值得從政者引為警惕！

㈣民主政治與暴民政治

〈理想國〉何以排斥「民主」？其相關議論對近世民主政治所透露的警示為何？

柏拉圖心目中的「民主」，顯然是指雅典的民主政體而言，他之所以對它不懷好感，甚或深惡痛絕，我人應從背景上察其梗概。首先值得注意的是青年時期的柏拉圖，親身遭遇幾乎籠罩其成長過程的比羅奔尼辛之戰，目睹戰火延燒希臘城邦的凶險景象，其結果是奉行民主的雅典大敗，而體制迥異的斯巴達全勝，政治制度雖未必是勝敗的關鍵，但當時的流行觀念，咸認民主政體的種種不能辭其咎，柏拉圖身歷其境，豈能無動於衷？換言之，論者多稱許戰勝的斯巴達，柏氏似亦有此傾向，應屬常情。近人羅素在《西方哲學史》中即曾有言，要瞭解柏拉圖的〈理想國〉，對斯巴達作一些瞭解是必要的 ❹⁷。的確，〈理想國〉的價值觀，如「治」與「亂」的思維，或其靈感之由來，常與斯巴達及雅典相關，就政治現象而言，最突出者，當時希臘諸城邦 (Greek Cities) 變亂頻仍，雅典尤甚，而斯巴達則相對穩定 (stability)，並無暴亂或變更體制之大問題，通說皆歸功於其無私的公民教育及尚武精神，此等特色，雅典望塵莫及。柏拉圖自然心嚮往之，相對地，不免對雅典多所貶抑。

再者，柏拉圖景從蘇格拉底的知識論，曾謂出色的詩人、鞋匠、或馬伕的巧妙作為，恰如其份，均合於正義，依循相同的道理，從政者如具有碩德、睿智、及卓越的才能，則理當委以治國

❹⁷　Bertrand Russell, op. cit., p. 94.

重任，相形之下，雅典的民主便顯得十分荒謬，因為只要是公民，無論賢愚，亦無論他如何操弄或誤導人民，皆可獲得采聲和選票，進而雄踞大位 ❹。這當然為標榜菁英統治的柏拉圖所不取，氏曾謂為政之道，首先應明辨對與錯 (right and wrong)、好與壞 (good and bad) 以及榮與辱 (noble and shameful) ❹，不可信賴玩弄機巧的政客，而是要寄望於真才實學之士。故〈理想國〉乃在在排斥不重視人才的民主政體，抱怨其竟然忽略製鞋 (shoe-making) 尚且求巧匠的簡單理則；又謂有病求診，豈可只重視外表好看或衹懂得取悅病人的醫生？經由此等隱喻，不難體察其言外之意。

　　蘇格拉底之死，更暴露了雅典民主政體的愚昧和顢頇，此一事件，讓柏拉圖對「民主」的反感，得到了總體上的印證，這種刺激，促使他格外著意於追尋一個崇尚道德與合於正義的國度。至此，我人不難瞭解柏拉圖排斥「民主」的緣由，不一而足，但蘇格拉底的死難，顯然具有決定性。因為柏拉圖其時年甫二十八歲，血氣方剛，據〈辯解〉的陳述，定罪過程的無稽和不義，足以驗證蘇格拉底所言「無知即罪惡」，幾乎必然對年輕的柏拉圖產生無比的震撼與忿懣，亦必然摧毀了他對希臘城邦政治的任何信念。

　　本來，雅典民主體制的傳統，極為肯定自由公民的角色地位，並認為由習俗演化而成的法律即是公道的規範，故服從法律優於服從個人意志，並視之為希臘人與野蠻人的分野。根據雅典憲法

❹ *Classical Philosophy*, edited by Terence Irwin, Oxford University Press, 1999, p. 351. 又見：Will Durant, op. cit., p. 21.

❹ Thomas C. Brickhouse and Nicolas D. Smith, *Plato's Socrates*, New York, Oxford, Oxford University Press, 1994, p. 158. 原始資料引自 Republic (47d9–10).

(Athanian constitution) 的規定，民主體制另一重要價值是公民得以分享統治的權力和責任。雅典民意機關「五百人會議」(Council of Five Hundred) 成員的產生，其所以採取抽籤 (by lots) 而非選舉，且明定任期僅一年，即是基於一項民主理念：「每一個人被全體治理，反轉過來，每一個人又治理全體」(Each is ruled by all, and in his turn, Each rules over all.) ❺⓪ 其結果，不啻由公民輪流擔任民意機關的代表，以免選舉造成總是由某些人得勢的不公平現象，如運用近代的說詞，可謂「直接民主」。然而，這般的體制，雅典人雖引為自豪，但在柏拉圖看來，實屬不可思議的謬誤。選舉、抽籤、及陪審團等制度，不過是紛亂不已並以欲加之罪置蘇格拉底於死地的暴民政治。他曾慨歎，所謂「民主」，一言以蔽之，即是人的「氣」與「欲」失卻「理」的節制而流於放縱之謂也（蓋柏氏一貫主張公道是善，而善的意義，乃是理、氣、欲的平衡）。

柏拉圖的刻板印象，總認為民主跟放縱及紛亂是相連的，他曾借蘇格拉底之口，指控過往的雅典在民主體制下，許多赫赫有名的政治人物如皮里克利斯 (Pericles)、賽蒙 (Cimon)、梅爾泰迪斯 (Miltiades)、及塔米斯脫克利士 (Themistocles) 等輩，均縱容人民趨於狂野和難以駕馭 (All made the citizens wilder and less controlled) ❺① 。

誠然，柏拉圖對民主體制所透露的警示，不一而足，其特別

---

❺⓪ Wanlass, op. cit.

❺① Thomas C. Brickhouse and Nicolas D. Smith, op. cit., p. 160. 參閱：Thomas R. Martin, op. cit., p. 178. 399B.C. 蘇格拉底被處死之後，柏拉圖對 democracy 極為反感，他指摘 Pericles 創建的大眾參與之民主政體，業已使雅典人 "lazy, cowardly, gabby, and greedy" (Gorgia 515e)。

指陳或強烈暗示者輒為暴民政治的陰影。蓋民主選舉的場域，政治人物為譁眾取寵，但求快意激昂，甚至鼓動風潮，這種「氣」與「欲」的泛濫，很可能如同決堤的洪水，而釀成災禍！故柏拉圖曾因此而斷言：「民主因揮霍無度而自我敗壞」(democracy ruins itself by excess) ❷。按 "excess" 一詞，原為入不敷出的虛耗，此間係指失去節制而逾越應有的規範之意。比之於古希臘，近世制度化的民主，理論上因有國會的制衡，輿論的約束，不致盡如柏拉圖所料難以擺脫可悲的宿命，惟就其負面效應觀之，現今號稱民主的發展中國家，因政客玩弄「民粹」而瀕臨此一險境者，不知凡幾。有鑒於此，則柏拉圖的警示，豈是明日黃花？今之民主人士能不戒慎恐懼？

　　當今之世，在民主選舉的壓力之下，政治人物的價值觀念與義理立場已日趨淡薄；奉承選民而行銷政見的掮客黨 (broker party) 佔盡優勢，執著意識形態的使命黨 (missionary party) 則是歸於蕭條，此情此景，似乎歷歷在目地應驗了〈理想國〉對雅典民主的詛咒和憂慮！儘管近世思想家亦有呼應柏拉圖而批評民主政治為「庸人的崇拜」者，豈奈民主的浪潮已是沛然莫之能禦。何況菁英統治可能造就政治人格的聖化或神化,隱含極權獨裁的弊害。故論政者與從政者彷彿不得不服膺民主政治，只能在迎合之外，不斷思索如何理性因應，方不致在庸俗化的困境中沉淪。

　　我人以為深具這般情懷與體認的近代思想家中，當首推英國的約翰・彌爾 (John S. Mill) 為佼佼者，他雖承柏拉圖之餘緒，指摘民主政治走向平庸，甚至造成社會專制，但並非止於批判，亦

---

❷　William Ebenstein & Alan O. Ebenstein, *Great Political Thinkers, Plato to Present*, 5th edition, Holt Rinehart and Winston, Inc., Copyright 1991, p. 77.

無意於鄙棄，而是對民主作基本肯定，然後提出匡正和補救之道，略謂歌頌民主者應心存戒慎，趨奉民意之際，勿忘以「公共教誨」(public teaching)（彌爾之言）提升其品質，氏倡言國會代議士中應容納一小部份非區域選舉產生的菁英，充當國家社會的良知，以其素為各方崇敬的才識與聲望，作為國會殿堂中的中流砥柱，並可樹立楷模，進而抗衡和導正受金權牽制或地方利益糾纏的種種偏差，俾理性問政和公平立法的願景得以彰顯。

晚近以來，有些民主國家，在區域選舉之外，遴選部份政黨全國不分區代表進入國會，本可依照彌爾之理念，憑藉菁英之士的專業素養和超然立場，以彌補區域代表不免流於庸俗化的弊病，惜政黨未能認知或賞識彌爾思想，置民主淪為庸俗化的危機於不顧，而只是本乎黨見之私，不僅未能以恭謹之心，慎選菁英，甚且視不分區代表為黨的馬前卒，以致菁英亦淪為附庸，何能寄望其力挽狂瀾？於是國會生態庸俗如故，言之可悲！

平情而論，彌爾思維的境界令人欽敬，但所提供的主張確有窒礙之處，一則現今的代議士若未經民主選舉的洗禮，其正當性常受質疑；再則，區域代表所仰望者為牽動選票的各種勢力，而非同僚中的菁英，又何能奢望其見賢思齊？可見彌爾的理念不易落實，誠屬憾事。不過，這位思想家的高明見解，或許業已對歐美國會及政黨政治產生深遠影響，譬如英國國會向有崇拜彌爾思想的傳統，不約而同的尊重菁英之士，狄斯累列 (Disraeli) 稱之為「自然貴族」(natural aristocracy)，論者嘗謂與其說英國是為民所治 (by the people)，還不如說是菁英統治 (by the best of the people)。美國的政治民主化，政黨分權化，人所共知。惟大選中的競選總部皆不遺餘力地網羅菁英之士，組成龐大的顧問體系，為選戰運籌於帷幄之中。再者，不論英美，四面八方的「意見領袖」(opinion leaders)，對輿論及「公共教誨」之影響不為不大，菁英提升民主品質之含義在其中矣。

解析的說，英美一面奉民主如神明，一面視菁英如瑰寶，這種兼顧參與原則與菁英原則的作為，或許即已體現彌爾所言珍惜菁英以節制參與的狂熱。在政治思想史上，一般學者沿襲柏拉圖的思維，總是把菁英統治與民主政治看作勢不兩立，而且近世的流行觀念，皆認為菁英統治已然在民主潮流中沒落。不過，從以上的論述看來，二者的關係，由於時代的物換星移，表面上似乎是相互取代，但其實亦可相輔相成，也就是說，參與擴大未必是菁英的凋零，這正是彌爾的夙願，亦從而可見「政治權力與智慧相結合」的理想，並非虛無飄渺。

由於柏拉圖在〈理想國〉的對話中，對雅典民主多所非議，致近世學者視之為反民主 (antidemocratic)，但並未明說其所反者為何種民主，這般概念上的含混，足以衍生「謬以千里」的差池。卡爾‧鮑勃 (Karl Popper) 在《開放社會及其敵人》(*The Open Society and Its Enemies*) 一書中，就曾籠統地批判柏拉圖為反民主反開放社會的頑固之士 ❺❸，便是典型的案例。這顯然是將近世的民主跟古希臘雅典的民主混為一談，其評斷是否出於認知差誤，值得商榷。按「開放社會」一詞乃近世民主憲政的產物，跟柏拉圖所處的時代與社會扯不上關係。即以雅典的盛世皮里克利斯時代 (Age of Pericles) 而言，所謂民主，只是成年男性公民約四萬至五萬人壟斷參政權，而不是「主權屬於國民全體」或「法律主治」，說得更明白些，雅典民主體制所依附的社會係奠基於奴隸制度之上 (a society based on slavery)，當時的流行觀念咸認為「人是天然

---

❺❸　Karl R. Popper, *The Open Society and Its Enemies*, Princeton University Press, 1966, Vol. Ch. 10.

的不平等」(natural inequality)，柏拉圖作如是觀，較為開明的亞里斯多德亦然，甚且謂為學界通說，也不為過。這般的背景，怎能用近世開放社會的理念去衡度？又如何可據以論證柏拉圖為所謂開放社會之敵？豈非以今非古？

　　柏拉圖〈理想國〉批判雅典民主可謂其思想邏輯上的必然，惟在當時民主人士或反傳統的哲人派看來，柏氏無疑地成為保守與極權的象徵。其實，如此評議並不精確，至少是失之於籠統，因為他反民主之外，亦曾對顛覆民主政體的「三十寡頭」大肆撻伐，顯見其貶抑民主絕非基於黨見之私，論者不可因其反民主並倡議「哲君」而視為保皇黨之流。今之治思想史者，更不可傾心於民主至上，對此民主與彼民主不加區隔，不予分辨，貿然拾牙慧而唱同調，對這位不認同古希臘雅典民主體制的思想家，因其反民主，即直覺地認定所反者等同現今具有普世價值的民主，乃視之為「開放社會的敵人」，恐有欠允當。

㈤〈理想國〉的「變」與「未變」

　　一般而言，論者皆大致認同柏拉圖〈理想國〉所秉持的理念，在〈政治家〉篇中，已漸轉向，及至〈法律〉篇之作，則是大幅改弦更張，甚至面目全非。其實，我人首先應洞見和體會柏拉圖政治思想演化中的猶疑與無奈，然後，對於其間「變」與「未變」的分際，不可一概而論，而是要慎思明辨，特別值得留意的是「變」的大格局，往往掩蓋了「未變」的部份。所謂「未變」的部份，當然是指原先〈理想國〉的理念或主張。例如對教育的重視，在〈政治家〉與〈法律〉篇中，仍然是一本初衷，確認音樂與體育為基礎教育，乃國之根本。對課程題材應維持高尚品質的堅持，仍舊不肯讓步，依然篤信人文及藝術學科為智慧的源泉，故對詩

人作品的審查，還是不假辭色。祇是在強迫的公民教育之外，另以宗教信仰補不足，並予法制化。

　　在這一層意義上，〈法律〉篇提倡「敬神」，固然可謂〈理想國〉欲以教育變化人之氣質的豪情漸形消退，但如換一個角度思考，晚年的柏拉圖，或有鑒於教化不過是知識界的作為，不易盡為芸芸眾生所吸納，乃在策略上，於教育之外，又求助於宗教信仰，並以不敬神者為不法，似有藉以普遍地落實早期所崇尚的道德論與正義觀之意，若謂〈理想國〉強求統治階級共產公妻為教條式的過激主義，〈法律〉篇予以摒棄，論者因而稱其為趨於保守，惟後來倡言宗教信仰，其用意無非是要人因敬畏神明而不敢作惡，及至演變為非「信」不可，致人民因怕犯法而信仰，豈非另一種教條式的過激主義？且在層面上更為擴張（金、銀、銅鐵階級皆然），何保守之有？只能說，早期的柏拉圖，處心積慮要達成治國者無私，深恐千挑萬選的菁英在經歷政治家與哲學家的教育之後，猶未必能守住靈魂而廓然大公，乃作共產公妻之想。可說是為了追求「最高之善」或「終結之好」而流於偏激。晚年的柏拉圖，其政治思想的理想色彩，雖已不如當年的絢爛，但並未全然從若干原先的理念中退卻，祇是在價值觀上不再崇尚「極致」，而是傾向於「多元」，譬如〈理想國〉，顯然依賴菁英統治（〈政治家〉篇在這一點上，亦無甚更張），但〈法律〉篇有了差異，乃人所共知，他強調在教化之外，應借重法律，且「法」應在「人」之上；而法律之外，又當仰仗宗教信仰，甚至以「不信」為失德，可「齊之以刑」，冒瀆神明情節嚴重者，得處以死刑，這當然是很偏激的，如以現代信仰自由的觀念而言，何其荒謬！即使就希臘傳統來說，亦殊為不合情理。

　　柏拉圖從重視人治到崇尚法律，固然是極大的改變，但如仔

細研析，其所作的改變，或許可視為達成治道的策略轉變，易言之，若干基本理念的本身，如增進道德，守住靈魂，宏揚正義……則是始終沒有忘懷。何以言之？若謂強制宗教信仰為下策，晚年的柏拉圖之所以出此下策，乃是為了要追求「普遍之善」，他彷彿仍然相信教化可培養道德，法律可維護正義，宗教信仰可救贖靈魂。由於顧慮教化不足以感召冥頑，故寄望於法律，又怕法律猶不足以懾人魂魄，故利用希臘神祕主義之傳統，以宗教信仰維繫人之善德，惟「信」與「不信」，若任憑取捨，恐難以竟全功，於是在過份求全之心的驅使下，竟再以法律為後盾，明定無神論者須受懲罰，就這樣一步一步地走上令人難以置信的極端。考其用意，即使是退而求其次，縱然操持與〈理想國〉時期不同的策略，但在基本的價值理念上，還是承襲蘇格拉底所謂守住道德、正義、與靈魂的哲思。可是柏拉圖就因為不放棄〈理想國〉已予定型化的一般原則，在〈政治家〉篇中有所轉變，然後在〈法律〉篇中勉強地曲意調和，譬如〈政治家〉篇的政體論部份，很明確地呈現了政體無絕對優劣的創說，隱約中，或有肯定明君在位的君主政體之意，但可取的是顯示政體形式本身並無絕對值的動態觀念，可是〈法律〉篇的相關論述，卻又模糊了焦點，對政體評價似乎更顯得退縮，甚至無所適從，祇以消極的語氣，排除政體腐化之後的兩個極端，那就是「既不要像波斯的暴君政體，亦不要像雅典的暴民政體」，意謂不宜採取某一種旗幟鮮明的政體，從而消弭相互傾軋的政治力，以謀求和諧與平衡，如就正面來解釋，乃是擷取君主政體的智慧與民主政體的自由，這般調和，論者名之謂「混合政體」。不過，嚴格的說，在亞里斯多德之前，以言「混合政體」，實屬牽強，柏拉圖新建構者，只能說是開其端緒而已。因為在體制上流於蕪雜，可說是無所選擇的混合，似已無暇顧及該

政體的良窳了。

　　總結的說，柏拉圖〈理想國〉的議論，在背景上，雖係有鑒於雅典或所有希臘城邦政治的敗壞，乃痛下針砭，其所研擬的因應之道，顯然已超越如何治理特定界域的格局，而是著意於呼喚人類的理性與善德，於是他提出「哲君」之治的良策，也就是以「理」來節制「氣」與「欲」，以「智慧」破除「無知」，方能扭轉乾坤，否則，人間便是無休止的紛亂。其所揭示的重點是期待哲學家化身為政治家，即可化腐朽為神奇，因其人不以世俗榮寵為念，雖居權位而無所動心。約言之，哲學降臨城邦，始可撥亂反正。不過，這般思維，有點像「聖人出則黃河清」之說，若以近世的政治制度權衡，不啻註定了只能採擇開明專制，別無其他，未免將問題及答案過於簡化，且若以聖君賢相為治道的唯一出路，那末，會不會如韓非所云：「堯舜……千世而一出，堯舜至乃治，是千世亂而一世治也。」

　　職是之故，我人已有言在先，〈理想國〉的價值在於重大啟示，而不在於其方策本身是否具體可行。換言之，對〈理想國〉的研究，應特別注重其典範意義，譬如「哲君」思想，如祇粗枝大葉看待，當然很有理由說它是海市蜃樓，可望而不可及，殊不知此一思想其來有自，蓋柏拉圖目睹雅典種種不義，因而尋求正義之邦，經過千迴百轉的辯證，確認須治國者公道無私方可成事，何人可公道無私？唯哲學家作為政治家能成就之。可知此一理念並非出於心血來潮的空想，乃是得之於以實際政治為背景而又向上提昇的邏輯思考，從表象觀之，它似乎逾越了世俗社會所能承擔的尺度，其實，如不拘泥於「哲君」一詞的說文解字，而是默察其意涵，那不過是讓政治人物仰望哲學家，不再視之為化外之人，或不食人間煙火的迂儒，落實的說，就是要讓欠缺智慧的權力與

毫無權力的智慧相結合，亦可說是讓二者達成一種妥協，以謀求「理」、「氣」、「欲」的平衡。這麼看來，「哲君」之說，豈是徒託空言？那末，〈理想國〉所啟示的，或許是天上城邦與地上城邦的折衝和協調，其用意並非只是提供一幅高不可攀的想像，而是要觸動人的靈性，善為體察和領悟，從而探索可取的途徑，並取法乎上，開展可能的創局。

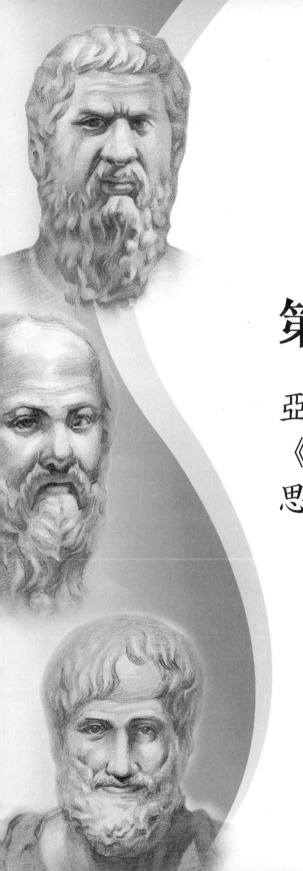

第肆篇

亞里斯多德
《政治學》的中心
思想

亞里斯多德追隨柏拉圖游讀，凡二十年，對師門極為崇拜，直到柏氏亡故之後，始悵然離開書院。其間亞氏應同門之請，為柏氏未出版之講義〈論善〉(On the Good) 作序❶，猶作高山仰止之讚歎。然而，吾人不免嘖嘖稱奇者，彼之學術思想竟然並未亦步亦趨，而是獨樹一幟，成為最具近代韻味的古代思想家，其所以有此特色，或由於他能以深厚的科學道行，揮灑於政治哲學的領域，故後世論者常尊稱他為政治科學的鼻祖。

一、生平及其著作

亞里斯多德 (Aristotle) 並非雅典人，他於紀元前 384 年出生，故居查塞地斯 (Chalcidice) 之斯太基拉 (Stagira) 小城，父為馬其頓王朝御醫，或由於家學淵源，亞氏自幼即傾心於生物學、醫學等自然科學。這個背景，對他後來的學術思想，具有極為深遠的影響。亞氏十七歲入柏拉圖的書院 (Academy)，這是他夢寐以求的進修場所，曾自稱為書院的忠實信徒 (a loyal member of the Academy) 和柏拉圖的傾慕者 (he stood high in Plato's favour)❷。特別是

❶ Charles M. Bakewell, *Source Book in Ancient Philosophy*, New York: Charles Scribner's Sons, 1909, p. 9. 按亞里斯多德追隨柏拉圖 20 年，為柏氏所鍾愛，曾讚許其為 "the mind of the school"，一般咸認最有可能繼承師門衣鉢主持書院 (Academy)，詎料柏氏生前未作安排，及至過世之後，該職位卻由道德文章皆不獲好評的 Speusippus（柏氏的姪兒）取得，亞氏大失所望，特別是對其人將書院的趨向「由哲學轉變為數學」"turn philosophy into mathematics" 一節，尤感忿懣 (Met, 992a32)，乃黯然離去，但依然不減對其師之敬意。此亦為論者極為推崇亞氏的緣由之一。

❷ Sir David Ross, *Aristotle*, with a new introduction by John L. Ackrill,

在哲學與倫理學方面所受的教誨，更是不可磨滅。世人不察，或因後來亞氏對師門的批評相當嚴厲，乃疑惑由於道不同而所受之影響不多，甚至流傳「吾愛吾師，吾更愛真理」的說詞，即是由此故事而來。其實，偏執一端的推論，不免似是而非。亞里斯多德師承柏拉圖，在思想上雖呈現不同風格，但並非全然南轅北轍，二人相同之處亦復不少：同視國家為道德的機體，同視優美生活為政治之目的，同視智識為美德之母，同重國家教育，同尚中庸節制，而政治思想跳不出市府國家之背景，亦正彼此若一❸。

柏拉圖辭世，亞里斯多德即離開雅典，其後曾應 Atarneus 統治者 Hermeias（亞氏昔日同窗）之邀，輔佐國事，並娶國王之養女 Pythias 為妻，亞氏曾稱許其妻溫文嫺淑，也就是說，婚姻與家庭極為美滿。有子名 Nicomachus（係採用父之名為子名，以示追念）亞氏 *Nicomachean Ethics* 之命名，即是由此而來。可見其代表作倫理學與政治學之所以頗重家庭和親情，視為國家社會的命脈，其來有自。

西元前 343 年，亞里斯多德入馬其頓宮廷，作為年僅十三歲小王子亞力山大的教師，這位後來叱咤風雲的英雄人物，對哲學家老師敬意有餘，但似乎並沒有領受城邦政治的治國之道，對於他所展現轟轟烈烈「平天下」的赫赫事功，老師在著作中始終未

London and New York, published in the U.S.A. and Canada, by Routledge, reprinted in 1996, pp. 2–3.

❸ 浦薛鳳著，《西洋近代政治思潮》，臺灣商務印書館，1994 年 12 月重印，頁 54。按浦著對柏拉圖與亞里斯多德思想相似或相通之處的歸納，頗具代表性，坊間西洋政治思想史書籍亦多作如是觀，或許格外加深一般人的刻板印象。以二人之關係與孔孟類比者亦不乏其例。

加讚賞，亦從未以作帝王師為榮。這兩位非凡人物的相遇，何以如此落寞而無可觀的互動？推究其故，大概是因為亞力山大係以成就霸業為職志，而亞里斯多德師承柏拉圖，崇尚以德服人的王道，並一意以城邦政治為正統，視之為理所當然的典型，或許因侷限而欠缺想像力，以致看不出亞力山大之征服，在帶動希臘文明與東方文明的交接上，有何革命性意義。直到羅馬帝國繼承亞力山大的帝業以稱雄歐洲，大部份的希臘人始覺知雞犬相聞的城邦，在格局和視野上，委實相形見絀，而且已是一去不復返了。

亞力山大稱帝之後，馬其頓王朝的支持者，躋身權貴的人甚多，曾為帝王師的亞里斯多德卻無意於分享尊榮，祇是甘於平淡地在自設之蘭沁 (Lyceum) 書院中講學，歷時十餘年，可說是他一生中最重要也是學術上成果最豐碩的階段。

西元前 323 年，亞力山大去世，反馬其頓王朝的風波驟起，政局動盪，亞里斯多德亦因而被民主派人士視如寇讎，乃離開雅典避亂，翌年 (322 B.C.) 病死他鄉。

亞里斯多德著作甚為宏富❹，惜大多業已失落，最典型的例子是比較憲法原為鉅構，係亞氏搜羅一百五十八個城邦的典章制度編纂而成，如今碩果僅存者祇有雅典憲法 (Athenian Constitution)，其餘均已失傳。亞氏雖為傳誦千古之哲學家與政治思想家，其著作之類別至為廣博，除名滿天下的《倫理學》(*Nicomachean Ethics*) 和《政治學》(*Politics*) 外，尚包括邏輯 (Logical Works)、

---

❹　1831 年, Immanul Bekker 所編的亞里斯多德作品目錄共 46 種（其中 16 種之真實性待考）。多年以來，該書大致成為引據之藍本，例如：1995 年出版的《亞里斯多德論叢》，有關亞里斯多德著作 (Aristotle's writings) 即係引用 Bekker 確認的目錄，疑為偽書之 16 種亦同。

心理學 (Psychological Works)、以及自然科學方面的著述 (Works on Natural Science)。就他的政治哲學或政治思想而言，毫無爭議的咸以《政治學》為其代表作，該書頗為完整，惟就全書的義理而言，章節次序是否有誤？長久以來，成為學術界爭論不休的課題。顯而易見的矛盾是討論實際政治的第四、五、六三卷與理想城邦的七、八兩卷，格格不入，不像是一氣呵成的作品，於是《政治學》的精義何在？孰重孰輕？不免令人困惑。依照 Jaeger 的說法，第七、八卷是反映柏拉圖〈理想國〉的影子❺；四至六卷係透過實證途徑 (empirical approach) 研析現實政體 (existing regimes) 才是亞氏自己的創見，此一見解曾風靡全世界，因而乃有第一卷及四至六卷為後期作品，而二、三、七、八諸卷則是先前所撰之說，衡諸義理，此一詮釋似較可信。至於何以有此排列上的顛倒，或許是編書人將遺稿加以歸類，未予辨究各別之屬性與時間順序有以致之，亦從而可推想《政治學》乃由亞氏卷帙浩繁的論文或講義編輯而成。

　　雖然，對《政治學》一書的解釋，歷來已有諸多假設，不認同 Jaeger 之說詞者，亦不乏其人❻，不過，我人以為 Jaeger 的觀點大體上是可取的，他的說詞雖未經驗證，但至少他已指出亞里斯多德政治哲學的重點或神髓所在，而且亦隱約可見亞氏政治思

---

❺　Werne Jaeger 認為亞里斯多德《政治學》第七、八卷理想城邦乃是在柏拉圖書院時期的作品，故未能擺脫〈理想國〉的影響。

❻　Aristotle, *Politics*, translated and with an introduction, notes, and glossary by Carnes Lord, pp.14–17; Mulgan, R. G., *Aristotle's Political Theory*, Oxford: Clarendon Press, p.139; Johnson, C., *Aristotle's Theory*, New York: St. Martin's Press, pp. 20–25. 按 Lord 認為 Jaeger 的論斷是不周延的，有瑕疵的；Mulgan 和 Johnson 則是不同意 Jaeger 對《政治學》前後各卷的定位。

想的兩個階段，那就是從追隨柏拉圖到超越他的步履，這大致可從《政治學》的內容中得到印證，如第一卷可作為引論（Jaeger 認為是最後才寫成的）；第二卷係政治哲理的探討，以評議柏拉圖〈理想國〉的某些部份為主；第三卷則是泛論公民、國家、及憲法的義理，與論述理想城邦的七、八卷的旨趣相投，可歸類為國家理論，理想色彩濃厚，可能是受業於柏拉圖書院時期之研究心得；而四至六卷則為務實的政體論。然而，其間亦饒有相當深刻的哲理思維，當他倡說所謂「中道」(mean and moderation) 思想之際，自然會指涉哲學生活與倫理道德的理想。

基於這般的認知，當可體察《政治學》中即使是討論實際政治的部份，亦不排除取法乎上的理想，換言之，四、五、六卷相當務實的政體論，並不意味著必然背離其心目中的政治理想，故大可不必跟七、八卷對立起來看待。總之，亞里斯多德《政治學》在章法及次序上容或未盡適切，但從而依稀可見階段性的著力點不同，惟就通篇的內容而言，大體上是涵融的，兼容並蓄的，並可呈現亞里斯多德政治哲學的中心思想。

二、研究的態度與方法

亞里斯多德的《政治學》與《倫理學》，乃是探討其政治思想的主要素材，一如研究柏拉圖政治思想須依據〈理想國〉、〈政治家〉及〈法律〉篇，方能得其梗概。

亞里斯多德為柏拉圖的門徒，他何以會被奉為政治科學的鼻祖？有人說，那是因為他把政治學變成獨立的科學，他之所以把政治學變成獨立的科學，則是因為他把政治觀念與倫理觀念截然畫分，這兩種觀念，在柏拉圖的思想中，卻是混在一起的❼。這

個看法，未免似是而非，其實，若謂亞里斯多德的政治學中沒有倫理色彩，顯然並不切實，譬如亞氏的「中庸」與柏拉圖的「公道」幾無二致，蓋前者的毋過毋不及與後者的「行而宜之」或恰如其份，何其神似！又如亞氏談論國家目的嚮往所謂「高尚的情操」，其與柏氏追求「至善」的政治理想，亦有異曲同工之妙。凡此皆顯示其《政治學》與《倫理學》之交會，可見亞氏並未將倫理觀念排除在政治觀念之外。我人以為亞氏在政治學上所造就的特色，乃是得之於治學的態度與方法。

亞里斯多德在上述的成名作之外，其學問所指涉的領域極為廣袤，總的來說，舉凡哲學、史學、生物學、物理學、心理學、及醫學等，可說是包羅萬象的研究範圍。威廉・艾本斯坦 (William Ebenstein) 稱亞里斯多德具有「百科全書式的興趣與造詣」(encyclopedic interest and accomplishment)，他說：「未曾有人能出其右」❽。或許因為這個緣故，亞氏在《倫理學》及《政治學》中所展現的最大特色厥為思維的多樣化，依循不同角度看待問題，彷彿刻意超越「定於一」的理則。易言之，亞氏的學植基礎，特別是治學的多元途徑，很自然地擺脫其師門的窠臼。如果說，柏拉圖的價值觀是絕對的，在觀念世界中追求最高之善 (the highest

❼　張翰書，《西洋政治思想史》，臺灣商務印書館，1961 年初版，1994 年再版，頁 52。著者認為亞氏《政治學》中政治觀念與倫理觀念分離，說恐欠允當，因二者不但並未截然畫分，且相融合，有人指出《倫理學》與《政治學》雖屬不同著作，其實當視為渾然一體，甚至主張研究其《政治學》者，應先讀《倫理學》作為引論。

❽　William Ebenstein, *Introduction to Political Philosophy*, New York: Rinehart, 1952, pp. 38–40；又見：William Ebenstein & Alan O. Ebenstein, op. cit., p. 82. 原文為 "In the history of philosophy, no one has surpassed Aristotle in the encyclopedic interest and accomplishment."

good)（至少理想國是如此），則亞里斯多德的價值觀是相對的，不以獨一無二的理念為依歸。雖然，亞氏對師門的哲思極為欽佩，但讚賞之餘，總覺得高不可攀，常語帶幽默地自歎弗如，但他並不諱言一己的旨趣不在於「天馬行空」，而是要冷靜的實事求是，他曾形容柏氏所言全知全能的哲學家王為「人中之神」(god among men)，言外之意，恐不可得也。一葉知秋，這一點評議，似已透露亞氏之所以與其師在重要論點上分道揚鑣，乃是種因於其方法學上的歧異，簡言之，柏拉圖的方法是演繹的，亞氏則重歸納。故柏氏書院十分重視數學和辯證法，作為哲學研究的基礎，亞里斯多德雖身受此等理則的啟迪，但後來在他自設的書院中，卻規畫不同的價值取向，以歷史學及生物學為必修，經由前者獲取經驗知識，藉後者訓練敏銳的觀察能力，進而洞察事物自然本性。

　　在思想史上，亞里斯多德是徘徊於哲學與科學之間的，論哲學，不止於人生觀與知識論，並有其力作《形上學》（或稱玄學）(Metaphysics)，另有論及天道者，如 *On the Heavens*、*On the Universe*（此二者是否出於亞氏手筆，待考），幾及於神學範圍❾，至於科學這個命題，亞氏更是興味盎然，亦極為重視，對於現代人所謂的基礎科學，如數學、物理學，皆有相當的研究，其他包括

---

❾　所謂亞里斯多德的著作幾及於神學範圍，乃是指他的議論曾涉及神學。馬丁路德認為亞氏基本上是反神學的，例如亞氏《論靈魂》(*On the Soul*) 一書確信 "soul dies with the body"，又認為亞氏所著 *Ethics* 亦具有反神學傾向。他說："On the same principles, his book on Ethics is worse than any other book being the direct opposite of God's grace, and the Christian virtues." 摘於 Martin Luther, "Address to the Christian Nobility of the German Nation" (1520, in vol. I of *Reformation Writings of Martin Luther*, trans. Bertram Lee Woolf, Philosophical Library Inc., 1953).

《氣象學》(*Meteorology*)（亞氏的著作之一）在內若干種自然科學，亦多所涉獵，其廣闊的程度，可說是「上窮碧落下黃泉」。這般治學途徑，自然會造就學術思想的特殊風格。也就是說，亞氏長於邏輯思考和認知上富有相對主義或多元主義的精神，顯然與其深受科學薰陶有關 ❿。其所顯現的智慧正是他衷心嚮往和一再推崇的 "practical wisdom" ⓫。

宏觀的說，亞里斯多德皓首窮經致力於哲學與科學之鑽研，他似乎有意使二者相通，讓天道與人生相互關照，其間雖然在科際之中觸動千絲萬縷，但所知所悟無非是穹蒼浩渺，人事多變，

❿ 論者以物理學為例，略謂在亞氏的心目中，如無物理的學問，則是知識薄弱的記號 (We have no physical knowledge is, in Aristotle's eyes, "a sign of intellectual weakness")。並強調物理學與亞氏思想特色的關聯性，提示依亞氏的認知，物理學不只是著意於事理的必然，同時亦掌握事理的或然 (Physics deals not only with what is "always" true, but also with what hold "for the most part")。引自：Henry W. Johnstone, Jr., Chaninah-Mascheler, "Skepticism and Inferior knowledge: A Note on Aristotle's Pluralism," *Philosophy & Phenomenological Research*, vol. XXII, No. 4, June, 1962, pp. 472–480. 按該文定名為「亞里斯多德主義」，其特點幾乎是視懷疑主義或相對觀念為多元主義的同義字。

⓫ 亞里斯多德特別提示 "practical wisdom is concerned with particulars, and not universals." 意謂這種智慧並非得之於籠統的或大而化之的認知，而是從知識領域中點滴的洗鍊而來。*Met* E.1, 1025b18–28; *NE* 6.2, 1139a26–64, 4, 1140a1–23, 6.13. 1144b55 均有所探討。參閱：Michael Stocker, *Plural and Conflicting Values*, Clarendon Press, Oxford, 1992, p.149. 又參閱：Martha C. Nussbaum, *The Fragility of Goodness, Luck and Ethics in Greek Tragedy and Philosophy*, Cambridge University Press, 1986, pp. 303–306.

乃提示面對難以蠡測的諸多課題，及複雜的人文現象，所能獲致
的研究結果，往往是相對的和或然的，故學者的視野當力求寬闊，
且應依循不同的角度，以冷靜的眼光去看待問題，再者，研究的
態度，不先入為主，研究的方法，不一而足。明乎此，不難理解
亞氏何以批評柏拉圖「定於一」的理念及尋求問題之絕對答案的
態度與方法了。

　　假設窮究天人的學問是屬於哲學命題，那麼格物致知如物理
學等自然科學跟哲學也是相通的，亞氏確有此意，他在 *Meta-
physics* 一書開頭便說「人天生即具有求知欲」(all men by nature
desire to know)，對於這位游走科際的思想家而言，求知不可能不
涉及科學，而科學在某種層次上亦有哲學的影子。譬如亞氏在肯
定科學的精確性之同時，總是警覺不排除例外或意外的可能性，
因而認定科學所求取者不僅是必然，亦是最大可能的或然 ❷。這
位古代哲學家的科學觀，今之科學家未必認同，倘若我人越過界
說的爭議，當更能體會亞氏暗示的哲理，乃在於科學亦有其哲學
境界。1995 年出版定名為 *The Cambridge Companion to Aristotle*
的論文集，其中由牛津、劍橋出身，現任教於奧斯汀‧德州大學
哲學教授 R. J. Hankinson 所撰 "Philosophy of Science" 一文，從所
謂「科學的哲學」之命名，大致可反映上述的意涵 ❸。

❷　*Met* 6.2., 1027a20–27. 其有言曰："...that there is no science of acci-
dental is clear: for all science is either of that which is always of or that
which is for the most part." 所謂不可預知的因素或意外的因素之設
想，在知識論中實為富有多元主義色彩的意涵。有關亞里斯多德思
想多樣化或複雜性，David Charles 所著 *Aristotle's Philosophy of Ac-
tion* 一書中言之甚詳，Cornell University Press, Ithaca, New York,
1984, pp. 23–25. 其中形容亞氏思想特色最為扼要："Aristotle's the-
ory however is more complex and applies different organisms."

　　亞里斯多德的冷靜、客觀、及思維周密的特色，並非偶然，多元的治學途徑實為關鍵因素。透過多學科的探索，特別是對自然科學的分析，在尋求解答的曲折過程中，得以體認答案未必是絕對的，也未必是單一的；換言之，他的思考邏輯，具有排除「只知其一」的強烈傾向。有一項值得玩味的背景資料，據講授古代哲學也是《亞里斯多德著作牛津譯本》(*The Oxford Translation of Aristotle's Works*) 的編者柏恩斯 (Jonathan Barnes) 教授指出，在科學領域中，亞氏相對地對數學投注的時間較少，跟他在生物學和物理學方面所付出的不成比例 ❶，原因是前者所處理的及所驗證

---

❸　"Philosophy of Science" 作者 R. J. Hankinson 出身英國牛津大學，曾擔任劍橋大學教授，後來轉往美國奧斯汀・德州大學任教，為哲學講座。該文敍述亞里斯多德的生物學方法 (Aristotle's biological method)，及如何以物理學解釋變動 (physics and explanation of change)，並闡述亞氏治學 (不論哲學與科學) 皆以理性與經驗 (reason and experience) 為主軸。文中往往在同一註釋中交叉引用亞氏物理與形上學，例如討論「本質」與「其他」時，即予並列："For Aristotle, the world divides into two classes of things: those which exist by nature, and those which exist for other reasons" (*Phys* 2.1, 192b8–9; cf. *Met* 7.9). 見 *Cambridge Companion to Aristotle*, pp.118–120; p. 123; p. 135. 在《形上學》中，亞氏強調「人不能置身於自然之外，故自然科學當為第一科學」"...there is no other of being beside nature being, natural science will be the first science...". 見：*Met* E.1, 1026a 28–30 Sam, May (MuiHwa) (ed.), *The Crossroads of Norm and Nature*, Lanham, Rowman & Littlefield, 1995. 此一論文集探討 the relations between Aristotle's Ethics and Metaphysics，基本上認為二者是相通的，並相輔相成。

❹　Jonathan Barnes, "Metaphysics" 收錄於 *Cambridge Companion to Aristotle*, 1995, p. 89, *EN* 1.3, 1094b24 部份，曾提及數學家在說理上

的是 "what is 'always' true"，而後者在宗旨上雖無二致，但不同的是也要尋求 "what holds for the most part" ❶。更確切的說，後者並非不想求全，而是往往只能掌握最大部份的研究結果，這恐怕是無可奈何的限制，或許由於這種限制，無形中造就亞氏治學風格以至於學術思想，流露相對而非絕對的神采，甚至內化為其人格與心的特質，所以貝克 (Ernest Barker) 論及亞里斯多德《政治學》的科學背景 (scientific background) 之際，曾謂亞氏的人格特質隱藏在他的著作背後 (the personality of Aristotle is hidden behind his works) ❶。

顯而易見，亞里斯多德在進入柏拉圖的書院之前，也就是青少年時期，即已沉浸於自然科學，並已奠定相當厚實的學植基礎，他彷彿一開始就被經驗世界所吸引，總是興緻勃勃地去探索奧祕。後來在書院中追隨柏拉圖，由於虛心聆教，認真學習，曾榮膺「學校的心靈」 (the mind of the school) 之讚許 ❶，並擔任助教，講授「修辭學」 (Rhetoric) 等課題，然而，亞氏似乎依舊不改初衷，雖在書院中展現哲學才華，但亦流露科學素養於哲學的思辨之中，譬如他闡述 Rhetoric 的內容，多採擇常見或眾所週知 (popular

---

　　　不如修辭學家。

❶　該文指出亞里斯多德認為數學跟物理學或生物學的差異在於後者不限於追求 what is "always" true，且亦注意 what holds "for the most part"，可謂見微知著，並顯示其認知態度是相對而非絕對，應可稱許之為具有所謂 "practical wisdom"。

❶　*The Politics of Aristotle*, edited and translated by Ernest Barker, Oxford University Press, 1958. 引自 Introduction, "The Scientific Background of the Politics." 著者註明此中文句見於 *Encyclopaedia Britannica* 由其提供之 An Article on Aristotle 部份。

❶　Sir David Ross, op. cit., p. 2.

way) 的事例，很少引經據典地大談枯澀的哲學理則。

亞里斯多德總以為自然界的實質是不可知的，析言之，由於物象的多樣化、差異性、及其變動不居，自然會造成我人認知的諸多限制，這種存疑的和警覺「理未易明」的態度，顯然是由物理學和生物學的訓練中得來。例如亞氏在動物學的研究中，曾設想單性生殖的可能性 (the possibility of parthenogenesis) (*GA* 2.5, 741a32ff) ❶，亦曾付出大量的時間仔細觀察蜂的習性，後來他坦承所獲資料不足以論證其研究結果 (*HA* 5. 21–22; 9.40, 623b7b22; *GA* 3.10, 760b29) ❶，基於這般求知若渴的熱誠，以及「學然後知不足」的態度，亞氏雖然在動物學方面有很深的造詣，寫成 History of Animals、Generation of Animals、Parts of Animals、Movement of Animals 等作品，但他仍然覺得所知有限，疑點甚多 (*PA* 2.16, 659 a19; 3.2, 66a11; 4.12, 694a20)。

物理學上的動力現象，亞里斯多德雖確知其「恆動不已」(such

---

❶ *GA* 2.5, 741a32ff. 關於單性生殖問題，亞氏只是警覺 (aware) 其可能性 (possibility)，但因相關資料不足，故未作定論。此間值得一提者，亞氏在動物學方面的豐富著述及嚴謹的研究態度，西洋政治思想史上及討論亞氏思想的專書很少提及。

❶ 《動物的世代》(*GA*) 一書中，亞氏的若干假設、論證、以及存疑的態度和口氣，在古希臘正宗的思想家中是少見的例子。參閱：D. M. Balme, "Aristotle's Use of Difference in Zoology," in Mansion, ed., 1961, reprinted in Barnes, Schofield, and Soraji, eds, 1975, Gotthelf and Lennox, ed., 1987. 文中多處談到亞氏在生物學研究方面有不少可議之處。不過，此道中人，如 Lowes Dickinson 則讚歎亞氏這方面的成就非凡，這位出身牛津、撰專文 "Philosophy of Science" 闡述亞氏相關著作者，提醒讀者不可忘記 "Aristotle was a man of his time"，當其時他是頂尖人物。

motions ultimately come to an end)，但在解釋其所以然之際，卻為之深感困惑 ❷。總之，亞氏對自然科學的鑽研，孕育出務實的存疑的精神，誠如韓金森 (R. J. Hankinson) 教授所言，亞里斯多德寧願揚棄嚴格的相似論與相反論 (Aristotle's willingness to abandon strict parallelisms and contrarieties)❷，而傾向於多重變數的並列 (juxtaposition) 或解釋上的互補與混合 (mixture) ❷，甚至以「未知」或「不可知」者，比比皆然。這種排斥「定於一」的多元主義精

❷　亞里斯多德以詰問之口氣質疑曰："If everything that moves is moved by something, how can somethings which are not self-movers yet continue to move when the mover is not contact with them, such as projectiles?" (Phys 8.10, 266b29–31)。按亞氏之意，這種永久的運動，在理論上可以假定有一個自身不動而能運動者，如果他自身運動，必有使之運動者，而使之運動者，必更有使之運動者，如是追本窮源，運動便難以解釋了……參閱：梯利著，陳正謨譯，《西洋哲學史》，7 版，臺北：商務印書館，民國 79 年 12 月，頁 79。

❷　R. J. Hankinson, "Science"，收錄於 *The Cambridge Companion to Aristotle*, 1995, p. 152. 按亞里斯多德對嚴格的「相似論」(parallelisms) 與相反論 (contrarieties) 的排斥，即使放在近代來看，亦是很有意義的，尤以人文及社會科學為然。譬如在方法學上「全有」(all) 或「全無」(nothing)、在政治學上「十足的共識」(perfect consensus) 或「尖銳的衝突」(sharp conflict) 皆不可取，其義理是相通的。

❷　在《政治學》第四卷中，曾論及混合政體的概念。亞氏常以 "polity" 一詞與 "mixed constitution" 及 "moderate democracy" 作為同義字。其有言曰："it is clear that the mixture is a fine one"。因為他認為 "mixture" 是合於中道 (mean) 的，亦隱含溫和 (moderation) 之意。所以他確信 "mean and moderation are the best"，而偏激或極端 (extreme) 是最不好的，見：*Pol* 1294b10–12. 其實，他在〈倫理學〉以至於《形上學》等作品中。

神，躍然紙上，顯然得之於自然科學，而又彌漫於總體的學術思想。亞氏強調「知」之不易，似與其《形上學》(Metaphysics) 有關，玄學上的基本概念略謂宇宙萬物大致可化約為「形式」(form) 和「實質」(matter)，前者為形之於外的表象，可透過人的觀察與感覺而知曉；後者為內在，故無從洞察其底裡，更何況事物的本身如何發展，如何變化？亦屬渺茫而不可得知。

論者嘗謂：「亞里斯多德的全部哲學（形上學、自然哲學、社會哲學）都根據於一種進化或發展的觀念」 ❷❸。的確，進化或發展的觀念，也就是變動不居的觀念，在亞氏的思想中是貫穿全局的，這乃是從生物學、天文學、特別是物理學等領域所匯聚的認識，然後在哲學中充分顯現。譬如形上學一詞的由來，即居於物理學之後，因而得 "Meta ta physica"（意謂在物理之後）之名 ❷❹。物理學上的動力現象，在形上學（亞氏稱為第一原理）中，亞氏引申之為「世事多變」的哲理。有一則在古希臘膾炙人口，後世仍舊引人入勝的掌故：赫拉克利托斯 (Heraclitus) 云：「你不能在同一條河裡濯足兩次」(It is not possible to step into the same river

---

❷❸　*Aristotle's Metaphysics*, Book A, and E, translated with notes by Christopher Kirwan, Clarendon Press, Oxford, 1980, p.19, (1010a7). "...Again, observing that all this world of nature is in changing...". 亞氏始終警覺自然界時時刻刻變動不居，這在他的認識論中極具意義。亦有論者指出，亞氏不只在形上學，且在自然哲學、及社會哲學中亦皆提及變動不居的觀念。參閱：國立編譯館編著（筆者按，原著者為孟雲橋），《西洋政治思想史》，正中書局印行，民國 77 年，頁 39。

❷❹　在安多尼卡斯 (Andonicus) 所編之亞里斯多德著作中，形上學居於物理學之後，因得 "Meta ta physica" 之名，是為 Metaphysics 之緣起。其實，亞氏本人未嘗稱之為「玄學」，只稱為「第一原理」。

twice.)，亞氏則說：「甚至連一次都不可能」(It is not possible even once.)❷且不論二人之言何者為是，其所隱喻自然界以至於人間的瞬息萬變之意，並無差異。

亞里斯多德此一論點與希臘的哲人派 (Sophist) 略同，按該派又名詭辯派或懷疑論者，亦稱「希臘之百科全書派」，彼等倡言宇宙間一切皆變動不居，因而否定不變的行為法則 (fixed rules of conduct)❷，說到懷疑論者，亞氏雖不像哲人派中的哥其亞 (Gorgias) 那麼偏激❷，但他那種凡事存疑的認知態度與思維方法，在辨析「什麼是人」的命題中，顯然與著眼於「人之同」的蘇格拉底和柏拉圖格格不入，倒是跟重視「人之異」的哲人派聲氣相通，是以亞氏在哲學的相關論證中，曾不止一次地引述哲人派巨頭普羅達哥拉 (Protagoras) 的觀點❷。然而，一般的印象，常以為亞里斯多德乃蘇格拉底與柏拉圖的傳人，而檢點〈理想國〉的對話，蘇、柏兩位正統派的哲學家皆視哲人派為異端，亞氏想必亦與師

---

❷ Ibid., "He (Aristotle) also criticized Heraclitus for saying that it is not possible to step into the same river twice, for he himself considered that it is not possible even once." 隱喻變化無常，在當時想必是最先進的觀念，故特加重語氣，顯示其所言之強度尤甚於 Heraclitus。

❷ 《雲五社會科學大辭典》，第三冊，〈政治學篇〉哲人派條，(謝延庚)，頁 238。

❷ 哲人派的高奇亞 (Gorgias) 乃懷疑論的代表人物，他有三個重要的驚人假設：其一，無一物存在；其二，如有物存在，此物必不可知；其三，此物如可知，此知亦不能傳授。見：鄒文海教授遺著，《西洋政治思想史稿》，三民書局印行，民國 83 年，頁 45。

❷ *Met* G4, 1007b18, G5. Protagoras 倡言「人為萬物之準繩」(Man is the measure of all things)，其言外之意，對蘇格拉底與柏拉圖所言正義的通則 (universal principles of justice) 的教訓，不啻是一種挑戰。

門同步，殊不知恰恰相反，此間足以凸顯亞氏出類拔萃的特色，不可不察。

亞里斯多德早期即已傾心求真求實的科學，從而錘鍊出嚴謹的治學風格，故能擺脫正統抑或異端的門戶之見，不輕信，不苟同，某種程度地帶有懷疑論 (skeptics) 的色彩，很自然地反映多元主義 (pluralism) 的精神，論者嘗謂「亞里斯多德的多元主義可說是對懷疑主義的回應」"Aristotle's pluralism serves as a rejoinder to skepticism" ❷。此外，亞氏重視經驗研究亦與多元主義精神相契合，他認為凡是與一般經驗不相合的東西，大抵都有毛病，因而有言：「吾人必須從已知之事著手」"We must begin from what we know"。這是與柏拉圖迥異之處。

筆者以為，亞里斯多德治學的態度與方法，係脫胎於自然科學，而後用之於形上學、倫理學、及政治學。可說是融會哲學、科學於一爐。因著意於經驗研究，乃得以兼顧政治科學與政治藝術，注重多元價值，但知所取捨，卒能開創獨特的思想路線，值得讚賞。

三、對柏拉圖〈理想國〉的批評

有人說：「亞里斯多德的政治思想一部份就是建立在對於柏拉圖的批評上」❸。這裡所指的是亞氏對〈理想國〉中的「統一」(unity) 觀念及共產公妻主張的批評，他從不同角度提出種種非議，

---

❷ Henry W. Johnstone, Jr., Chaninah Marienthal Maschler, op. cit., p. 472. 懷疑主義與多元主義的關係，大致可從該文中得其梗概。

❸ 國立編譯館，前書，頁 34。參閱：Susemihl and Hicks, *The Politics of Aristotle*, Book I–V, London, 1984, pp. 32–34.

從近代意義而言，實具有強烈的批判精神，足以顯現其思想中的多元主義色彩。

㈠對「統一」觀念的批評

柏拉圖在〈理想國〉對話錄中所標榜的「統一」，可說是其正義國家命脈所繫的價值觀，至關緊要。在柏氏的心目中，理想國的最高境界就是寄託於完美的和諧與統一 (perfect harmony and unity) ㉛。氏闡釋之云：

> 一國之所惡，當無更惡於意見參差，人民不能一致；而所謂善，亦莫善於人民有團結之力，而能遇事一致。……凡人民有團結力之國，則遇欣喜之事，一致欣喜；遇悲痛之事，一致悲痛。……設遇一事，而國之人乃欣喜者半，悲痛者亦半，則表示其國民徒有私見，而無一致之能力，而其國之組織必未完善無疑。……此種參差而不一致，大抵以不明「我的」與「非我的」，「他的」與「非他的」之真義所致。……設一國之中，其人民皆知「我的」與「非我的」之真義，而能一致用此二語，則非完善之國乎?……此種景象，實與人體相去不遠，設吾儕有人僅傷一指，即彷彿全體咸集於腦部，而腦實人之中心點，故受傷者雖僅一指，而覺其痛苦者全部，吾儕不謂其指有痛苦，而謂其人有痛苦也。不獨一指為然，凡人身不論何部受痛苦，或脫離痛苦，吾覺其痛苦與愉快，不獨在直接之部份，全體皆然也。……然則於完善之國家中，人民遇快樂或悲憤之事，則全國之人，將以其所遇為己遇，而悉

㉛ Plato, *Republic*, 111, 424, "So each may become not many men, but one, and the city may be not many, but one." 意謂個體合而為一，國家合而為一，充分流露「定於一」的理念，語氣極為傳神。

與之表示快樂悲憤之同情。……彼等對於不論何事何物，既確知有共同之關係，則自不曰，此與余有關係者；有此共同之關係，自有共同之快樂，與共同之痛苦 ❸ 。

　　亞里斯多德對柏拉圖〈理想國〉中追求十足的和諧與統一之批評，可歸納為兩個要點：其一是不可能；其二是不相宜。首先他就國家的性質作鞭辟入裡的解析，他說：「國家不僅由眾多的人聚積而成，並且包括不同種類的人」(a state is not made up only of so many men, but of different kinds of men)，進而以一句最為深刻又富有哲理的話作詮釋：「因為同質的人並不能組成國家」(for similars do not constitute a state) ❸ ，亞氏乃概括地形容國家的性質實為多元 (plurality)，倘果如柏氏所企盼 "that the greater the unity of the state the better"，即愈統一愈好的話，亞氏詰問，設若「定於一」達到那麼高的程度，國家還成其為國家嗎？並推演的說，一味地追求一致，則國家將變成家庭，家庭又將變成個人了，其結果則是毀了這個國家 (it would be destruction of the state)。由於

---

❸　*Plato's Republic*, translated by G. M. A. Grube, Hackett Publishing Company, 1987. 柏拉圖將個人和國家比喻有機體，意謂「牽一髮而動全身」或「唇亡則齒寒」。大意以「一」為「好」，以「紛歧」為「惡」，中譯引自：張翰書，《西洋政治思想史》，商務印書館印行，1994 年，頁 17–18。有關亞氏所作之批評，見：*Met* (XIV. 41091b 1bff), *EE* (1.8, 1288abff).

❸　Aristotle, *Politics*, tran. Benjamin Jowett, Clarendon Press, 1885. 引見：William Ebenstein, *Political Thought in Perspective*, McGraw-Hill Book Company, Inc., 1953, pp. 4–5. 該文之篇名為 "Aristotle on Plato"。亞氏所云「同質的人並不能組成國家」對柏氏「定於一」的批評，強而有力，亦反映多元主義的色彩。

這個緣故，亞氏認為柏拉圖設想凝聚眾意合而為一 (unanimity) 的價值觀，乍看之下，似乎頗為引人入勝 (attractive)，殊不知那是不可能的 (impossible) ❸ 。

　　上述的見解，並非祇見諸於《政治學》，他在《物理學》及《形上學》等著作中，亦持類似的看法。譬如亞氏曾強調自然界中的事物，皆有其自然本性，這種自然本性相應於每一個體的獨特性而有所不同，即使是同種生物，其自然本性也未必完全相同。這種特質，非人造器具可比，自然事物的發展取決於其自然本性，換言之，自然事物是自主的，也是自由的，因此，不同生物的生活型態差異，不能強求一致，蓋其所以各異其趣，必定有其生命的奧祕，一言以蔽之，那就是生物的自然本性 ❸ 。

---

❸　柏拉圖認為完美的和諧與統一並非不可能，曾援引斯巴達公共食堂為例，可憑藉教育和立法以達成所謂的 "unity" 其言曰："...it can be achieved by education and other forms of legislation, such as the common meals of cretans and spartans...." 參閱：R. F. Stalley, "Aristotle's Criticism of Plato's Republic"，收錄於 *A Companion to Aristotle's Politics*, edited by David Keyt and Fred D. Miller, Jr. Worcester, Billing & sons Ltd., 1991, p. 191。亞里斯多德則期期以為不可，指其與人性相悖離，故既不可能亦不可取。見：W. L. Newman, *The Politics of Aristotle* (Oxford, 1887–92), vol. II, p. 230.

❸　*Phy* 198b35–199a8, 199b21–23，亞里斯多德在《形上學》中亦有類似的認知，有所謂 Nature was the substance of "naturally existing things" 以及 now it is "the substance of those thing that possess an origin of change in themselves qua themselves" 的說詞。見：*Met* 1015a 13, 1014b35. 歸納言之，自然 (nature 或 by nature) 的詞彙，亞氏最常用之於 *Biology*, *Politics*, 及 *Physics*。亞氏終其一生總是以誠敬之心或莊嚴的態度探討自然，可謂奉若神明，故論者描述云："Aristotle treated nature as a universal force, sometimes alongside God." 參閱：

自然界與生物界尚且如此，人為萬物之靈，具有自主與自由的特性，更是不辯自明。柏拉圖漠視「人之異」，只知以分歧為「惡」，故執著「定於一」的理念，苛求化「異」為「同」。而亞氏涉獵廣博，在多學科的探討中，互為參證，乃得以體認：宇宙以至於人間，萬般生態，多元而又多變，故在認知上應透過不同的標準 (different criteria)、依循不同的網絡 (different contexts)，慎思明辨，才不致失之於粗疏，豈可大而化之或一概而論 (to count as one)，甚至強求一致。

這一番哲理的闡述和論證，充分顯示亞里斯多德的政治學與其自然哲學是融會貫通的。析言之，他對於〈理想國〉所揭示的「統一」或強求一致的觀念，認定其違反自然本性與人之常情，所以是不可能的。

其二，亞里斯多德認為理想國追求毫無分歧的一致，即使得以勉強而行之，亦不可取。他曾諄諄告誡，並總結的說："So that we ought not to attain this greatest unity even if we could, for it would be destruction of the state" (*Pol* 1261b7–9) ❸意謂極大化的「定於一」，縱然能夠，吾人亦當有所不為，因為那將會導致國家的毀滅。亞氏作如是觀的理由不一而足，茲略舉其犖犖大者。柏拉圖與亞里斯多德的思想雖皆以希臘城邦 (city state) 為背景，亦以之為立論基礎，柏氏深信城邦比個人更易於彰顯正義，其前提

Huby Pamely M., "What did Aristotle mean by nature does nothing in vain?" in *Logical Foundations*, Mahalingam India (ed.), New York, St. Martin's Press. 1991.

❸ R. F. Stalley, "Aristotle's Criticism of Plato's Republic," p. 189. 雖然，Stalley 這篇論文有不少地方對亞氏的批評再作批評，但對這一看法則是相當肯定。"

是超凡脫俗的哲學家作之君作之師，則在聖君賢相的引領之下，子民心志合而為一，恪遵共同理念，自可排除人各一義的紛歧，因為人各一義乃是最大之惡 (the greatest of all evils for men)。對於這樣的價值觀，亞氏大不以為然，基於自然本性的義理，人有各遂其意或自主 (autonomy) 的傾向，並非可由牧民者任意造作，任意宰制。亞氏言道：「國家原本具有多元性質。」❸ (a polis is by nature some sort of plurality) 如果為了大眾的互助互利，謀求某種程度的共識是可能的，也是必要的，而柏拉圖苛求眾意全然一致，則是違背人的自然本性，表面上不過是追求完美，但如勉力實踐，則是極為危險的偏差，因為這種思想會讓政治威權藉消弭個別差異 (differences of individuals) 之名而凌駕萬方，其結果將導致個人成為國家的附庸。其實，國家的多元組合，自然具有建設性的意義，各種不同態樣的人，既不能離群索居，那麼，大眾共處，不論在心靈上或生活條件上，都有相互依存的需求。

補償原則 (principle of compensation)

即社會組合之中，包含許多村莊及家庭，以至於芸芸眾生，基於人的群性，很自然地形成互補互利甚且相互依存的關係，這便是亞里斯多德始終標榜城邦應追求自給自足 (self-sufficing) 的理念之憑藉。他指摘柏拉圖「統一」至上的論調，只想到可袪除

---

❸　見：*Pol* 1261a16–22. 參閱：*Essays on Aristotle's Ethics*, edited by Amelie Oksenberg Rorty, University of California Press, 1980, pp. 3; 397. 在《形上學》中，亞氏亦曾對 "one" 與 "many" 作深入之辯證，略謂：設若「多」皆歸於「一」，則整體中之部份，如不依附他人，便將動彈不得 "...if its parts joint together in such a way that one of them cannot move without the others". 此言富有哲理，意味深長。

分歧而「定於一」，以期「眾志成城」，殊不知「國家是一種複雜的整體」(the state is a compound whole) (*Pol* 1274b 39–40)，不可假定或虛擬其一體皆為道德人 (a moral being)，易言之，城邦的公民不過是凡夫俗子，群體的各別利益聚合而成多重利益 (multi-interest)，在截長補短的互動中，各有所獲，這便是所謂「補償原則」，惟其如此，城邦的自給自足才有可能。亞氏在《政治學》之外，亦曾在倫理學的作品中肯定此一觀念，甚至嘗謂「補償原則」是對城邦的拯救 (the salvation of states) (*Pol* 1261a30)。誠然，亞氏在倫理學上不只一次地提及人文社會的多元與多樣化，有其妙用，治國者不可固執絕對理念，而是應預留可能的變通空間。譬如木匠和幾何學者以不同的觀點及方法去審視直角 (the right angle)，前者期盼藉以成全其技藝，而後者則是作為數據，進而探求真理 (*EN* 1.7, 1098a25–32) ❸。亞氏舉此一例，無非是要提示各行各業的差異性和自主性，看似紛歧，但亂中有序，並各得其所，多彩多姿，特別是在經濟效益上，因互動而受用不盡，故亞氏說：「自然不造無用之物」(*Pol* 1253a10) ❸，若能物盡其用，當可互補互利，豈非相得益彰？不過，物盡其用和各得其所，並不一定能自給自足，還要看結構性的條件如何，因為家庭比個人更能自給自足，

---

❸ 亞氏在《倫理學》中如是說："For a carpenter and geometer investigate the right angle in different ways; the former does so in so far as the right angle is useful for his work, while the latter inquires what it is or what sort of things it is, for he is a spectator of the truth." 此例雖甚淺顯，卻隱含哲理，暗示同一作為但致用之道各異，凡事不可一概而論，言外之意，「定於一」的價值觀，殊不可取。

❸ 《政治學》之外，《物理學》、《形上學》、《生物學》、及《倫理學》等作品中亦作如是觀。參閱：*Phy* 198b35–199a8, 199b21–30; *Met* 1014b36 1015a2, *NE* 1134b955.

城邦又比家庭更能自給自足 (a family is more self-sufficing than an individual, and a city than a family)❹。所以如果自給自足是可欲的，那麼本屬多元的城邦中人，在安和樂利中互動互補，即是低度的一致 (the lesser degree of unity)，而不是極大化的，這與近世政治講求共識 (consensus) 但不期望十足的共識 (perfect consensus) 之價值觀念頗為契合。

自尊原則 (principle of self-respect)

已如前述，亞里斯多德肯定人的自然本性，不止於發揮群性而互助互利，而自給自足，同時亦可因而得以共存共榮，若祇設想以「一致」杜絕紛歧，實屬不智，蓋強求「定於一」所衍生的後果，必將斲喪人的自尊與自由，甚至使人的靈性、創意、以及自我實現的熱誠趨於僵化。

亞氏在《倫理學》與《政治學》上均曾提及，人的志趣和作為，並非一成不變，只要沒有失卻自主與自由，則人各有志，自可不規則地轉換其理念或工作。譬如鞋匠和木匠可能互換行業，也就是說，同一個人不必終其一生作鞋匠或木匠，此所以顯示職業上的自由，同時亦意味著人的自尊 (*NE* 1095b31ff, 1178b18ff, 1098b33ff, 1176a33ff)❹，其間的意義看似尋常，卻隱含心靈的解

---

❹　*Pol* 1252b29–30. 亞里斯多德認為公民各自營生，難以自給自足，故有賴於自給自足的社群 (a self-sufficient community)，這與前述之「補償原則」相契合。

❹　Martha Craven Nussbaum, "Shame, Separateness, and Political Unity: Aristotle's Criticism of Plato" in *Essays on Aristotle's Ethics*, ed. A. O. Porty (Berkeley, 1980), pp. 397–399. 又亞里斯多德在 *Magna Moralia* 一書中亦持相同觀點 (*MM* 1.33, 1194b6)，儘管今世不足為奇，但在當時亞氏與師門唱反調，即面對「一致化」為最高價值的

放及創造發明的蓬勃生機，這個論點頗能凸顯「定於一」的不相
宜。在《形上學》中，亞氏曾強烈暗示「哲君」對自由民強求一
致是認知上的謬誤，蓋管理自主而又多元的眾人，實不同於「人
與一己肢體的關係、使用者與器物的關係、主人與奴隸的關係、
以及父親與未成年兒子的關係」(*Pol* 1.4, 1254a8ff, 1.5, 1254b16ff;
EN 8.9, 1159b25ff) ㊷。

　　亞氏上述的比喻，旨在強調城邦公民的獨立自主，豈能由治
國者隨心所欲地運之於股掌之上？這般體認，意義極為深刻，彷
彿連接其《倫理學》、《形上學》、及《政治學》中的相關理念，以
論證國家不過是會社 (association) 的一種，其屬性不比其他會社
高貴或神聖 (*Pol* 1255b20, 1261a39, 1277b7ff, 1279a20, 1288a12;
EN 1134b15) ㊸。此一論點，間接反映「定於一」的不可能和不可
取。再者，在政治學上，就某種意義而言，不啻為近代多元論的
主權學說挑戰一元主權論留下典範。

　　約翰‧羅爾斯 (John Rawls) 將自尊 (self-respect) 視為「主要
之善」(primary good) 是有道理的，氏自稱此一觀念乃是由亞里斯
多德思想引申而來 ㊹，其所以列為「主要之善」，羅爾斯詮釋亞氏

年代，倡言多樣化或多元化，以及同中求異，何其獨特？

㊷　亞里斯多德這一席話，在當時或許是異端，但今日視之，充分反應
　　對眾人的管理應有的認知，即「家」與「國」的概念不可混為一談，
　　幾與現代的組織理論和管理哲學相通。

㊸　亞里斯多德特別注重政治會社 (political association) 的多元 (plurali-
ty) 屬性，請參閱 John M. Cooper, "The Magna Moralia and Aristotle's
Moral Philosophy" *American Journal of Philosophy* 94 (1973), pp.
327–349. 筆者按：亞氏此一論點，可視為以多元主義主權學說挑戰
一元主權論的驚人之筆，直到近代二十世紀後期始由英儒賴斯基
(Harold J. Laski) 等人發難，以多元論批評一元論主權學說。

之意，謂「自尊」不僅是自我肯定的善德，更重要的是它還有許多伴隨的效果。例如當我們目睹他人的成就時，不免有起而效法的動念和慾望，這種「見賢思齊」之心，實潛在於人的本性之中。

羅爾斯標榜他所謂的「亞里斯多德主義」(Aristotle's principle)❹，其重點即在於「自尊」為基本善的意涵。即使撇開經濟的或利得的動機，基於人的自然本性，在群體關係中，總是以多樣化的經驗為樂，想從新穎和奇特中得到鼓舞，獲致創意。於是羅爾斯解析的說，「主要之善」導致的多樣化本身也是一種「善」，易言之，一個多元化的社會，其成員要求擁有各自不同的計劃是合理的，因為他們是各種各樣的人，具有各種各樣的天份和才能，這些天份和才能，不可能化約為一個人或一組人在總體上實現。所以他總結的說:「亞里斯多德主義」是假定人人以展示自我實現的能力為樂 (human beings enjoy the exercise of their realized capacities)，這種能力愈獲得展現，則社會愈趨於多元，也就愈多彩多姿。亞氏在《政治學》第七卷中言之諄諄: 總體之善是虛無飄渺

---

❹　John Rawls, *A Theory of Justice* (Cambridge, Mass., 1971) § 29, 67. 作者視「自尊」(self-respect) 為「主要之善」(primary good)，乃得之於氏所謂「亞里斯多德主義」。

❹　Rawls 自稱他所謂的「亞里斯多德主義」係依據亞氏在 *Nicomachean Ethics* 第 7 篇第 11–14 章及第 10 篇第 15 章中關於幸福與快樂的論述而提出的，大意是(1)享受和快樂並不總是歸屬一種健康狀態或補足某種匱乏的結果，毋寧說許多享受和快樂是從我們運用才能中產生的; (2)自然力量的運用是人們的一種主要之善; (3)最值得嚮往的活動與快樂的產生，乃是具有更多元的區分和更大能力的運用聯繫在一起，這跟羅爾斯的自然秩序觀念相一致。引見: 黃丘隆譯，約翰・羅爾斯《正義論》，結構群文化事業有限公司，民國 79 年，頁 417，此一出處見羅爾斯原著 p. 426。

的，縱然假設其為可能，恐非平凡的個人皆可奢望，故吾人寧可退而求其次 (*Pol* 1332a36–37) ❹。

亞里斯多德或許由於經歷心理學的洗練，在非議柏拉圖「統一」理念之際，解說極為細緻和深刻，即使以近代眼光來衡度，亦令人激賞。譬如他把握國家係由不同的人組成 (the state, as composed of unlikes) 這個前提，條分縷析地陳述城邦中人如何多元多樣，一體看待或強求一致是如何的不近情理。亞氏曾援引師門的理念來作文章，然後加以批評，可謂「以子之矛，攻子之盾」。他說，人既由靈魂與肉體構成，而靈魂之中既包含「理」(reasoning) 與「欲」(desiring) 的不同層面，則丈夫和妻子，主人和奴隸，以及君王和平民，品類不同，修為各異，豈可一體看待？以是之故，舉國之人的德性，自然不可能趨於一致 (therefore, the virtue of all citizens cannot possibly be the same)。❹他甚且透過縝密的邏輯思考，指出「好人」(good man) 與「好公民」(good citizen) 也是不一樣的，至少二者的德性並非絕對地和恆久地相同 (the two kinds of virtue cannot be absolutely and always same)。析言之，治國者如德智兼備，則堪稱「好人」，然慣於發令者，往往不肯受命，依照雅典人之民主理念，治人者，亦可治於人，方為「好公民」，發令而不受命者，或許因善德而成為「好人」，卻不是「好公民」。

平情而論，帝王之家所受的教育和所擁有的榮華富貴，比之於平民百姓，相去不可以道里計。亞氏曾舉實例詮釋其中含意，統治菲里小王國的傑生 (Jason of Pherae) 有言在他不當獨裁者

---

❹ *Pol* 1332a36–37. 亞里斯多德很執著地以為：先有每一個人的善，然後方可有總體的善 (if each is good, then all will be good)，反之則不然。

❹ William Ebenstein & Alan O. Ebenstein, op. cit., p. 104. 引自：*Pol* (tyrant) 之後，才感受到什麼叫做「饑餓」(hungry)，但他還是久久不懂得如何作為一介平民 (not knowing how to live a private person)❹。可見不同身份地位的人，其遭遇各異，要他們皆歸於一，一般歡樂一般愁，如何能夠？

㈡對共產公妻的批評

　　柏拉圖共產公妻的主張，並非憤世嫉俗的反應或故作駭人聽聞的奇想，而是通往哲君之治以建構理想國的途徑。由於共產公妻之範圍僅限於統治階層（即柏氏所謂的 guardians 及 auxiliaries 階層）❹。顯而易見，其用意在於杜絕守國者之私心，令其一無所有，以國為家。他這麼說：「守國者不可有私人之宅地，與其他之恆產，所當得者為糧食，而由其他人民所供給，蓋彼等不應有私人之費用，惟如是，乃可保全其真正守國者之人格……彼守國者應當共有妻子等諸親屬也……實行其財產親屬公共之制度，斯可使彼等成為更完善之守國者，蓋既有如是之財產親屬，彼等決不復有「我的」與「非我的」之謬見，而使國家有分裂之害。何則，既無私人之房屋，私人之妻子，則自無私人之快樂與痛苦，與夫一切所欲得之物矣；凡一人所以為快樂者，眾人皆視為快樂，

---

❹　Aristotle, *Politics*, Translated by T. A. Sinclair, revised and represented by Trevor J. Saunders, reprinted in England by Clays Ltd., 1992, 引自：*Pol* 1277a12.

❹　柏拉圖理想國分為三個階級，即金、銀、銅鐵，亦即「治國者」(rulers)、「輔佐者」(auxiliaries)、及「生產者」(producers)，是為坊間之通說，但或有論者在用語上稍有差異，如：Ernest Barker 的說法是 the rulers (or "perfect guardians"), the soldier (called guardians and afterwards auxiliaries") and the producing classes (whom Plato called the "farmers")。見：*The Political Thought of Plato and Aristotle*, p. 112.

一人所以為痛苦者，眾人皆視為痛苦，故對於一切事物之意見，人人相同，而各人所為，有一公共之目的在焉……彼等除軀體外，無物可稱為己者，故爭執訴訟案事，無由發現，凡人間之以金錢親屬等而起爭端者，彼等皆可免也。」❺⓿

就理想國的正義觀而言，共產公妻的主張，或可視為第三階級（生產者）除外的絕對公道，也是強求一致 (unity) 的另一種形式。是以亞里斯多德的批評，仍然依循一貫的思考邏輯，從不同的角度，對共產公妻主張痛下針砭。

對共產的批評

亞里斯多德對共產的非議，不一而足：

⑴共產違背人性

亞氏在《政治學》中批評其師之共產主張時，強調人的偏愛一己之心乃是天性 (the love of self is a feeling implanted by nature)，「至於自私自利之行為，雖為人之所詬病者，非對於偏愛一己之本體而發，乃因其貪得無度故耳。亦猶之守財奴之愛錢然

---

❺⓿ Plato, *Republic* (Book V). 引見：張翰書，前書，頁 18。關於共產公妻的範圍問題，一般通說均確認只限於金質與銀質階級，其意旨在於杜絕守國者的私心，故不及於銅鐵質階級，惟亦有論者持不同見解，略謂亞里斯多德認為柏氏的此一主張似欠明確（或並未確定）(Pol 1264a11–17)，其言曰："Aristotle however thinks Plato is unclear (or undecided) on the point, ie., Aristotle believes that the Republic does not make it clear whether the iron and bronze citizens to live communistically or not. 見：Mayhew, Robert, "Aristotle on the Extent of the Communism in Plato's Republic," *Ancient Philosophy*, 13 (2) pp. 313–321, Fall, 1993，筆者讀 *Politics* 雖亦有同感，但在未獲進一步論證之前，本文仍採通說，蓋柏氏畢竟祇以務求守國者無私為念。

(like the miser's love money)，蓋人幾乎莫不愛錢，此一傾向未必可鄙，若一無他志，惟錢是愛，乃真可鄙耳」❺❶。柏拉圖為杜絕統治者的私心，惟恐政治家的教育不能竟全功，遂作極端之想，即從根本上使管理眾人之事者皆無一己之田園及子女玉帛，是為釜底抽薪，以止息其慾望之火燄，殊不知統治者也是人，並非「人中之神」(God among men)（亞里斯多德的用語），故此一制度雖可保全金質、銀質人的風品，使其白璧無瑕，但因違背人之自然本性，終不可行。亞氏解析的說，人是血肉之軀，不可能被造作為特定模式的泥塑木雕之物 (life cannot be forced into a logical mold)，並進而指摘其師偏執，純粹理性 (pure reason)，致無視於政治生活的多元屬性 (plurality)❺❷。

(2)慷慨好義之美德因共產而斷送

　　柏拉圖倡議共產，其本意在於使治國者公道無私。其實，無

❺❶　Aristotle, *Politics*, translated and with an introduction, notes, and glossary by Carnes Lord, The University of Chicago Press, Chicago and London, 1985, pp. 62–63. 原書 *Pol* 1263a1, 20, 25, 30, 35, 40; 1263b1, 15, 20, 25. 中譯引自張翰書，前書，頁 70–71。部份詞句稍有變動。

❺❷　Werner Jaeger, (Richard Robinson trans.) *Aristotle: Fundamentals of the History of His Development* (Oxford: Clarendon Press, 1934), p. 292. Jaeger 是研究亞里斯多德的權威學者之一，其相關評論至為中肯，其間強烈暗示亞氏政治哲學富有多元化的特色: "The great, the new and comprehensive feature in Aristotle's work is his combination of normative thought...with a sense of form capable of mastering and organizing the multiplicity of actural political facts. This sense of form kept his string for the absolute standard from leading to stiffness, and revealed to him a thousand kinds of political existence and methods of improvement...".

私固為大德，但因廢掉私有制度，卻在人的德性上衍生許多問題。已如前述，亞氏一再提及人的自然本性，譬如人天生的以擁有一己之物為最大快樂 (we are by nature so constituted as to feel great pleasure in thinking of something as our own) ❸，更重要的這是德性的起點，倘若一無所有，則「朋友有通財之義」或「慷慨好義」的美德便無從彰顯。按亞氏之意，財產固然具有「潛在之惡」(potential evil)，以其向來是人性中私慾與貪婪的誘因，但在另一方面，它也是一種外在之善 (external good)，蓋因人之美德亦可從而顯現。可見私產為善為惡並無定數，猶之於「水可覆舟」，但「亦可載舟」，豈可視覆舟之水為絕對的禍害？

依照亞里斯多德的詮釋，柏拉圖的正義之邦實有賴於多元組合。譬如其內在的統一 (inner unity) 係以社群 (associations) 的協和為命脈，社群的協和又以相互關愛的友誼 (friendship) 為命脈，而私有財產與關愛的友誼不可分割，其何以故？蓋若無可支配的財產，人間的關愛與友誼，不過是口頭恩惠，可知「朋友有通財之義」或「慷慨好義」等美德當然是道義行為的實質內涵。故推理的說，私有財產亦為道義的命脈。柏拉圖主張共產的動機雖為保全治者的品德及國之正義，但卻因而衍生他方面的不義，可謂顧此失彼，知其一，不知其二。流弊所及，〈理想國〉極為重視的「和諧」(harmony) 與「平衡」(equilibrium) 卻因共產而傾斜。從批評中顯示，亞氏的認知是宏觀的，也是多元的。他在《倫理學》與《政治學》中皆指出：「正義是不偏不倚的」(justice is even-hand-

---

❸ 亞氏對自私 (selfishness) 與鍾愛一己 (self-love) 有所分辨,其結論是鍾愛一己與擁有之樂乃人性之一部份 "self-love and joy of possession are part of human nature". 見：*EN* IX.7, 1167b16ff, *EE* VII.8, 1241a35ff.

ed)(*Pol* 1263a30) ❺ ，強烈暗示共產即使僅限於統治階層亦不免失之於偏頗，使正義成為跛腳的正義。

⑶部份共產與部份私產的扞格

柏拉圖主張共產之本意在於防範治國者利用權位以徇私，故共產制席不及於銅鐵質的芸芸眾生，其結果必然由生產者供應一無所有的統治階層，按柏氏之意，金質、銀質的人乃王者之才及干城之才，理當貢獻於國家大事，或執干戈以衛社稷，自不必操作生產事務，此所謂「各司其職」，「各得其所」，是合於正義的。然而，亞里斯多德不以為然，批評柏氏此說未免隨心所欲，一廂情願，如從負面剖析，則是問題重重：

1. 不均與不平：社會因同時存在私有與共有制度，亞氏認為在處理上極度困難 (very difficult to arrange)。「⋯⋯蓋人於勞力與享用二端，設一端不得其平，則爭執必起，彼用力多而獲得少者，對於用力少而獲得多、消費多者，必致怨聲載道，難以一日安。是故人非同居共處⋯⋯則困難而不易處置之事恆多；而於財產之共有者，則糾紛尤甚⋯⋯」❺

亞氏所言，包括兩種情況：其一，私有與公有之間，必相互抱怨，生產者深感勞逸不均，指摘另一方不勞而獲；日夕為國事傷神而竟一無所有，還得承受「不勞而獲」之諷言諷語，情何以堪！

又亞氏質疑，如共產制度之推行，侷限於統治階級，然得有私

---

❺　亞氏曾謂「中道而行」合於正義 (justice)，並稱許之為 "political good" 及 "salvation of the state"。又在《倫理學》及《政治學》中皆說過相同的一句話，那就是 "mean and moderation are the best"。

❺　*Pol* 1264a30–35，中譯引自張翰書，前書，頁 70。又見：Ernest Barker, *The Political Thought of Plato and Aristotle*, p. 141.

產之公民占絕大多數 (the citizens who are not guardians are the majority) ❺❻，則「私利」與「公義」兩極化，如何協調，又如何求其和諧？一小部份金質、銀質的人置身「欲」念縱橫的大環境中，如何獨善其身？彼此的猜疑和敵意將無可避免。總之，一國之內，共產制度與私有財產制度共存，亞氏認為其間恐有難以紓解的窒礙。

2. 剝奪了統治階級的福祉，亦動搖了大眾的福祉：在柏拉圖的心目中，統治階級為非常之人，為求其治理國家絕對無私，乃賦予澹泊明志的特性，即假定彼等可異乎常人而不必擁有或享有所鍾愛之物，及從而所獲得的樂趣，按此一假定實違反人之常情或自然本性。

再者，亞氏指出蘇格拉底（柏拉圖之化身）既謂「城邦的幸福是整體的」(the happiness of the city as a whole) ❺❼，但共產使統治階級無產無業，無室無家，有何幸福可言？於是部份與整體成強烈對比，必然陷於矛盾之中。那麼，〈理想國〉主張「遇欣喜之事，一致欣喜；遇悲痛之事，一致悲痛」，豈非不攻自破？換言之，這顯然與柏拉圖所標榜的部份不幸福即難以希冀全體幸福的邏輯相悖逆 ❺❽。

人是政治動物 (man is by nature a political animal)，乃亞氏名

---

❺❻　William Ebenstein, *Political Thought in Perspective*, p. 10.

❺❼　Plato, *Republic*, IV, 419a421c.

❺❽　在《倫理學》中亦有含義相通的說詞，見：*NE* 1094b7–10；參閱：Thomas Lindsay, "Aristotle's Qualified Defense of Democracy Through Political Mixing," *The Journal of Politics*, Vol. 54, Number 1, Feb., 1992. 亞氏曾作邏輯推理云：除非每一部份都能快樂，否則整個城邦是不會快樂的 (The city cannot happy unless each of its part is happy.) (*Pol* 1264b15–20, 1323b22–23).

言，意謂人不能離群索居，因而由社群而國家，並非只為生存 (survival) 而已，還要追求好的生活 (good life) 或幸福的生活 (happy life)（按：亞氏在《倫理學》和《政治學》中常將兩詞交互使用），這是國家目的也是人生憧憬。職是之故，人己關係、朋友、及社群關係的互動，至為重要，甚至人之幸福與國之正義亦皆賴以維繫。然而，統治階級也是人，亦必眷戀幸福生活，「人於愛己愛財之外，若於友朋儕輩賓客方面，為一慈善之事，將伯之助，必歡欣鼓舞，視為最大之愉快，此慈善之事，將伯之助，須於人有私產之際，方可為之……若財產既屬公有，則無力願為慷慨仗義之舉，以為其群之楷模矣……」(*Pol* 1263b5–15)❺，誠然，共產制度剝奪了統治階級可支配的私財，不啻剝奪了彼等善行義舉的德性，其內心之落寞和無奈，自不待言。蓋一個人的幸福理當與其親朋共享，即使是金質銀質的人亦不例外。他們的理想既是謀求親朋以至於公民的幸福，何以自身卻成為不快樂的孤獨哲學家？亞氏因而詰問：「如治國者不快樂，其他的人會快樂嗎？」(if the guardians are not happy, which others are?)(*Pol* 1264b15–20)❻，並作嚴峻的評斷：「他（指柏拉圖）摧毀了治國者的幸福」(He (Plato)

---

❺　亞里斯多德從不同角度批判共產之弊端："For it will not be possible as liberal as to perform any liberal action, since the task of liberality lies the use of possession". 意謂若非私有則自由支配便不可能，故亞氏反對共產而主張私有公用 (private possession and common use)。

❻　「如治國者不快樂，其他的人會如何？」亞氏此一詰問顯然是要回應柏拉圖所謂「一致的歡樂」之理想，而有所批評 "...But it is impossible for it to be happy as a whole unless most (people), or all or some of its parts, are happy." 參閱：Howard J. Curzer, "The Supremly Happy Life in Aristotle's Nicomachean Ethics," *Apeiron*, 24 (1): 47–69, 1991.

even destroys the guardians' happiness)。此項指摘，僅為《政治學》第二卷第五章中揭示共產流弊的一部份，從而反映柏氏將統治精英定位為非常之人的不合情理，其動機雖為大公無私而共產，但共產卻無形中敗壞了正義和美德。

對公妻的批評

亞里斯多德或許由於婚姻和家庭極為美滿，致對公妻主張之批評最為強烈亦最為貼切，其所指涉的知識範疇，亦最為廣袤：

⑴毀棄夫妻之愛與親子之情

在柏拉圖的政治理想中，以袪除治國者的私心為無上大德，共產之外，且不許有一己之妻室子女，是為公妻，實屬不可思議的極端思想，其動機雖為成全在上位者的大德，但結果失德與寡情莫此為甚！亞氏強調夫妻之愛，係出於至情，故貴乎專一，方能彰顯理性，可視為人倫中之美德，否則必然暴露人性邪惡的一面，而導致道德淪喪 (Pol 1262a25–30)。

尤其不堪承受者，公妻的後果是親情的淡化 (love will be watery)，甚至化為烏有，亞氏曾謂一旦父不以「我兒」呼其子，而其子亦不以「我父」稱其父，則人間親情猶如「一滴美酒溶入大量的水中 (as a little sweet wine mingled with a great deal of water)，必至淡而無味 (Pol 1262b5–20) **❻①**。男女老幼之間，既無夫妻、兄弟、及親子的名份，則隨之以俱來的親情自必盪然無存。

人所共知，血緣關係 (blood relation) 乃人倫之中最親密者，親

---

❻① 亞里斯多德以嘲諷的語氣指出不可思議的事態，"...the father will certainly not say 'my son' or the son 'my father'..." 又說：一個人可能擁有一千個兒女，卻沒有一個屬於自己的兒女 (Each citizen will have a thousand sons who will not be his sons individually)。

疏不分，實有虧於人之自然本性。在公妻制度下，如有人私訂終身，柏拉圖謂為「不潔不義」之事，應予禁止，男女相會只能依規定於按時舉行的婚媾節 (hymeneal festivals) 中為之。亞里斯多德大不以為然，他認為夫妻之愛是人間的最大幸福，若橫加隔離，情何以堪！至於父子兄弟姐妹之間的親情，亦屬人倫中不可毀棄的關係，如不予珍惜，彼此變成了路人，豈不是淪為無情的世界？亞氏並作邏輯推理的設想，在共產公妻的社會中，「我的」(mine) 這個字眼，其含義不是「祇屬於我」(belong to me alone)，而是「屬於我和其他許多人的」(belong to me along with many others) ❷，這不僅是紊亂了人我分際，且隱含紛爭不已的危機。

⑵敗壞節制的美德

就生物學的觀點而言，男女情慾乃是人類的基本需求，然而，家庭制度形成的規範，可說是人性與獸性的分野，亞氏以為夫妻名份意味著感情的節制 (temperance)，而節制是一種高尚情操，特別是因節制而避免沾惹別人的妻室為然 "it is fine thing to abstain from a woman, through temperance, because she belong to someone else" (*Pol* 1263b10–11)。亞氏之言，顯然意有所指，按柏拉圖極為重視「節制」，在〈理想國〉中，曾寄望守國者 (guardians) 應表現「高度的自我約制」(a high degree of self-restraint)，方能達成正義國家的理想。而公妻制度不免流於情慾的泛濫，家庭倫理的界域一片模糊，男女關係流於混亂，偷情、強暴、亂倫、及橫刀奪愛等惡行，必將層出不窮，則守國者或統治階級高度自我約制之說，

---

❷　"Aristotle on Plato"，引見：William Ebenstein, *Political Thought in Perspective*, p. 11.〈理想國〉對話錄中，柏拉圖曾稱頌「愛」(love) 及「羞恥心」(a sense of shame) 的重要性，亞氏乃據以批評其自相矛盾（指公妻足以導致情慾氾濫與道德淪喪）。

豈非徒託空言?

〈理想國〉關乎兩性之事,常以人與動物相提並論,謂男女交媾及繁衍後代,實與動物相仿。亞氏評之為荒誕不經,並一語道破,飲食男女雖為生物學上的需求,但其間最大的差異在於「禽獸絕無治家之事」(animals have not to manage a household) (*Pol* 1262a15-20),人則不然,蓋人在家庭之中,基於倫理規範,方能表現之所以為人的理性和美德,其中最顯著乃是自尊心 (self-respect) 與羞恥心 (shame)。根據約翰・羅爾斯在《正義論》一書中對所謂「亞里斯多德主義」的詮釋特別提示,亞氏不論《倫理學》或《政治學》的相關議題,均極重視自尊心與羞恥心,並稱之為「主要之善」或「基本善」(primary good),尤其是羞恥心,羅爾斯註解為「一個人的自尊遭受損傷所產生的感覺」(the feeling that someone has when experiences an injury to his self-respect or suffers a blow to his esteem) ❻❸。倘若不顧自尊與羞恥,便沒有什麼善事值得去做,也沒有什麼壞事不敢去做,那末人性將趨於冷漠甚至在慾望的衝動中迷失。這項體認,很能刻畫亞氏之所以說「無恥」(shameless) 即是「罪惡」(vice) (*MM* 1193a3; *EE* 1221a1, 1233b23-28) ❻❹。也很能反映公妻制度下道德淪喪的後果。

⑶失落家庭的嚴重性

公妻必然導致家庭的失落,金質銀質的人可說是無家可歸。對於柏拉圖而言,讓守國者棄絕一己之田園及子女玉帛,以國為家,正所以保全大公無私的道德情操,他認為「國」不過是一個大的「家」(the state to be merely a large household),治國者便是這

---

❻❸ John Rawls, op. cit., § 29, 67.

❻❹ 亞氏甚至在《修辭學》等與《倫理學》及《政治學》並非直接相關的作品中,亦提及「知恥」之重要性。見 *Rhetoric* 1383b14-15.

個家的首腦 (the head of a family)(*Rep* 111, 424)，此一境界，恰好跟柏氏所標榜「統一」或「定於一」(unity) 的理念相合。對於這般看法，亞氏不獨在《政治學》中有所反駁，其《倫理學》的相關討論，亦作強烈批評，並特別指出「以國為家」之說不過是神聖的抽象概念 (divine abstraction)，在真實世界中是不存在的，意謂柏拉圖崇尚「一」(oneness) 而排斥多元 (plurality)，到頭來不免流於虛無。

　　亞氏透過深入淺出的解說，國與家的差別，不是程度的，而是種類的。家的組成分子包括夫妻、子女、財產及奴隸，家長與成員的關係乃是基於倫理的組合，而財產與奴隸則是家長的囊中之物。可見以國為家是說不通的。雖然，國的形成是以家為起點，按亞氏談到國的由來，係從人的群性說起，以「人是政治動物」一詞提示其間的演化 (evolution) 關係，即夫妻而為家庭 (household)、而村莊 (village)、而會社 (association) 而國家 (state)，既為多元組合的政治社群 (political community；亞氏《政治學》中，常以 political community 一詞作為國家的同義字)，可見「國」為總體，豈可化約為家的概念？儘管早期的君主體制曾經有過家長式的統治 (ruled by the patriarch)❻❺，然而，那只是一種演化的過程或背景。

　　亞里斯多德對家庭如此重視，並非偶然，這可以從他所指涉的多學科或多元的思維中得其梗概。首先，其哲學的「目的論」(teleology) 即曾肯定男女結合成家是「合於自然的」(exist by nature)，並以「鳥兒築巢和蜘蛛結網」為例，說明其符合生物學上

---

❻❺　William A. Dunning, *A History of Political Theory, Ancient and Medieval*, New York: The Macmillan Company, Ninth printing, 1995 p. 56.

的基本需求 ❻。此外，亞氏在《倫理學》中也稱道家庭的角色地位，他說，人不能「孤獨的生活」(a solitary life)，美好的幸福亦不能在孤獨中獲得，推而論之，公民的幸福很自然地要從家庭的親情孕育而來 (*NE* 1097b9, 1169b17; *Pol* 1333b36–38) ❼。他在《政治學》第七卷和第八卷「理想城邦」部份言道，城邦的理想在於增進公民的高尚情操 (noble actions)，而不是但求衣食無虞的普通生活 (common life) 而已 (*Pol* 1337a19–23)。然而，公民的崇高德性並非一蹴可及，亞氏確信可從家庭的教養 (trained and habituated) 中逐漸濡化而成，在他的心目中，家庭的功能是雙重的，既為營生，亦為作育之地。以是之故，柏拉圖倡言統治階級「以國為家」，於是「國」乃成為一個巨大的「家」(a gigantic household)，亞氏期期以為不可，並斷言如此將摧毀一切多元的和個體的生機，實隱含家庭為「多樣化生活」(the complexity of life) 的寄託之意。析言之，柏拉圖為公益 (common good) 而毀掉家庭，表面上是犧牲小我，成全大我，惟家庭失落之後，則從而孕育的「多元化政治」(plurality in politics)，亦將隨之消逝。

---

❻　亞氏有言："All things come to be the sake of something." 可轉譯為「事出有因，宇宙中的一切皆有所為而為」，似融合生物學、哲學、及其相關作品的相關觀念而出此言。參閱：Fred D. Miller, Jr., "Aristotle's Political Naturalism," *Apeiron* 22 (December 1989): 211.

❼　Cary J. Nederman, "The Puzzle of the Political Animal: Nature and Artifice in Aristotle's Political Theory," *in The Review of Politics*, Spring 1994. 參閱：Paul Schollmeier, *Other Slaves: Aristotle on Personal and Political Friendship*, Albany: SUNY Press, 1944. 該作者認為 Aristotle offers an altruistic and pluralistic theory of human society。並指出亞氏論「朋友」(friendship) 跟他的「正義」觀念是不可分的。此外，亦以之與 Lawrence Blum 及 John Rawls 的「正義」觀念作比較。

有人說:「家庭在於滿足人的基本需求,國家則是為了道德的需求」(the household exists for the sake of the physical need of life, the state for the moral and intellectual needs) ❻ 。這或許是由於亞氏曾將國家定位為人文會社的最高形式 (the highest form of human association),但並不意味著具有貶低家庭的地位和價值,亞氏一再排斥「以國為家」的觀念,便是明證。他為了顧慮國家趨於單一化,總是對比地提示家庭因有妻子、兒女、及財產(包括奴隸),其間的關係不是單一的而是多樣的 (the relation is not one, but various)。換句話說,亞氏很怕「定於一」或一致化的價值觀吞噬了家庭,一旦「異」歸於「同」,則多彩多姿的生機亦歸於枯萎,最後不免會造成他所謂自毀 (self-destruction) 的結局。

亞里斯多德受教於柏拉圖,達二十年之久,似乎並未習染師門的文采與才情,或許得之於自然科學的薰陶,在思想上總是流露特有的平實和冷靜。譬如柏拉圖共產公妻的宗旨顯然在於保證守國者大公無私的偉大情操,但亞氏不為所動,卻從不同的角度,力陳其弊害。

亞氏以為家庭的作用,不止於作為自給自足 (self-sufficing) 的單元,謀求經濟效益,在政治上亦是國家的礎石;同時,在《倫理學》中,也有所呼應。例如對於皮里克利斯〈葬禮演說〉(Pericles' Funeral Speech) 標榜男性的戰陣之勇,方為好漢,並有輕視女性之意,這本是當時社會的通說,但亞氏意有所指的予以批評,從而顯現其獨特的見解,暗示家庭的價值,他提出「兩性共享或兩性調和乃是美德的理念」(the virtue shared by the sexes common to

---

❻　William A. Dunning, op. cit., p. 51. 參閱: Brian R. Nelson, *Western Political Thought from Socrates to the Age of Ideology*(影印本),1982, p. 65. 作者對亞氏的政治思想有極為深刻的剖析與體認。

both sexes is the virtue of moderation) ❻❾。其間言人所未言的指出：
「過度的公共精神」(an excess of public-spiritedness)，恐將激化「好
戰思想」(warmongering)，而構成對理性 (rationality)、溫和 (mod-
eration)、及正義 (justice) 的威脅。基於這種顧忌，亞氏進而提示
他的新思維，那就是兩性調和的家庭規範，比「男性至尊」(virility)
來得可貴，因為視「男性至尊」為理所當然，很容易趨向威武但
卻粗鄙的風尚。亞氏甚至擔心若干所謂「公共精神昂揚的城邦」
(public-spirited cities) 充滿軍營 (armed camps) 的色彩 ❼⓿。故寄望
於家庭扮演一種淡化或稀釋的角色，有意扭轉政治淹沒倫理的不
平衡關係，亦所以緩和「定於一」的偏執。

亞氏揉和《政治學》、《倫理學》的理念，勸諭不可一味地頌
揚愛國論調，相對地，卻忽視家庭的重要性，其實，人倫關係隱
含教人「知恥」(shame) 的意義，乃是最根本的善德，而母性的慈
愛和感性效果，非父親所能及 (*EE* 1241b7–9)，所以他肯定女性對
家庭生活以至於人生幸福 (happiness) 的貢獻。

綜上所云，有一點應作澄清者，依據我人的體認，亞里斯多
德非議皮里克利斯的〈葬禮演說〉，特別指謫他對女性的貶抑，其
用意並非為伸張女權 ❼❶，而是告戒應少一些「男性至尊」的偏向，

---

❻❾　Thomas K. Lindsay, "Was Aristotle Racist, Sexist, and Anti-democrat-
ic? A Review Eassy," *The Review of Politics*, Vol. 56, 1994. 亞氏曾倡
言兩性調和合於道德之說，顯示對其師門主張公妻有悖於倫理道
德。

❼⓿　Lindsay 並評析亞氏此一論點之特色："Aristotle narrows the distance
between man and woman by this very fact he remarks the width of the
gap between political and human good." 從家庭引伸到政治與倫理之
間的關係，頗有我國儒家著意於「齊家」和「治國」相連結的意味。

❼❶　皮里克利斯〈葬禮演說〉(Pericle's Funeral Speech) 中謂 "woman

深一層看，在政治哲學上，似有彰顯私權以遏抑公權以及轉移一元而趨於多元價值的意涵。

總之，亞里斯多德可說是古希臘罕見的百科全書派，也是不讓「哲人派」(Sophist) 專美於前的懷疑論者，這中間在在顯示其學術思想中相對論和多元主義的精神。

歸納言之，亞氏舉凡究天人之理，以至於論治國之道，始終秉持「多途徑或不一而足」(in several way, not homony mously) 的認知態度 (*Met* 1003a33) ❼。這可以從他的《形上學》中對「一元論」(monism) 讓「萬物皆歸於一」(all things will be one) 的強烈非議得其梗概。的確，亞氏在學術思想中所呈現的信念，一言以蔽之，那就是他從不信服單一的科學 (a single unified science)；易言之，他認為學問是總體的，多元的，而知識的追求，真理的探索，往往是不圓滿的 (imperfect)，或不完全的 (imcomplete)。

編纂《亞里斯多德著作牛津譯本》(*The Oxford Translation of Aristotle's Works*) 的柏恩斯 (Jonathan Barnes) 論及亞氏治學態度，曾作這樣的描述：亞氏總是說他全部或大部份的著作「只是一個片段」，並設想所知者有限或另有尚未找到的答案。有鑒於此，當可揣摩在亞氏的心目中，知的境界是多元的，也是無邊無際的，恐怕永遠無法獲致放之四海皆準的結論 (no universal affirmative

---

should be quiet and remain at home" 乃理所當然，丈夫只要具有戰陣之勇便是真正的男子漢 (real males)。亞里斯多德則不予苟同，考其所作之批評，雖有導正偏頗成見之意，但主要的是依循他心目中家庭的角色定位，強調婦女多方面的重要性，可謂不同凡響之讜論，惟其所標榜者，並不類乎近代的女權觀念。

❼ *Aristotle's Metaphysics*, Book 4–6, translated with notes by Christopher Kirwan, Oxford, Clarendon Press, 1971, p. 1.

conclusion)。該作者因而稱亞氏為「多疑的哲學家」(aporetic philosopher)❼❸，並似有所悟的詰問曰：這大概就是所謂「亞里斯多德主義」(Aristotlianism) 吧？❼❹ 這般體認，大致可反映亞氏治學的特殊風格，他並倚仗才華，同時還不斷地投入無休止的格物致知，譬如他之所以不厭其煩的對一百五十八個城邦的典章制度 (constitutions) 作比較研究❼❺，無非是要從不同的政體中，尋求多樣的特點，從而探討何者為較好的體制，如何造就較好的城邦。

亞里斯多德思想中多元主義精神的流露，基本上，總是透過多學科或不同領域的研究，其所表達的理念是互通的，或互為觀照的。不論是物理學、生物學、玄學、倫理學、及政治學，都能聲氣相通，互為印證。譬如《論自然》(*On Nature*) 除有專書三卷之外，在《物理學》中亦提示，自然是事物的原料 (*Phy* 193a28)，再者，自然事物的「自然」是多元的，自然本性相應於每一個體的特點各有不同，而事物的變化過程，可從該事物的自然本性中

---

❼❸ "aporetic" (or aporematic) 係譯自希臘字 "*Aporla*"，意謂 "puzzle"（困惑或困難）。作者稱亞氏為 "aporetic philosopher"，其註釋云："A philosopher who supposes that puzzle-stating and puzzle-solving form."

❼❹ Jonathan Barnes, "Life and Work," *The Cambridge Companion to Aristotle*, edited by Jonathan Barnes, 1995, p. 15. 作者談到亞氏做學問的態度，發現他總是覺得不足，總是存疑，對即使已獲解決的問題，仍然設想或許另有可能。無以名之，乃稱之為「亞里斯多德主義」。

❼❺ 亞里斯多德蒐集 158 個城邦的典章制度（亦有人概括估計約為 150 種以上者，如：William A. Duning 的 *A History of Political Theories*, p. 50.）定名為 "The Constitutions"。故亞氏堪稱比較憲法的先驅者，後來碩果僅存的只有 "Constitution of Athens"。

得到解釋 (*Phy* 199b15–20)；在《形上學》中云：事物自然本性的發展，乃是基於該事物的自然目的 (*Met* 1015a14–19)。說到人的自然目的在於追求幸福時，就跟他的《倫理學》所標榜的理念合流了 (*NE* 1177a18–1178a10)。至於《政治學》中的議論，亦常以「自然」或「自然本性」為依歸，「人天生是政治動物」一語，可為明證。說得更明白的是「單就人類自然本性中的群性而言」，即可解釋人何以要組成家庭、會社、與國家了 (*Pol* 1278b24–30)。又亞氏對柏拉圖〈理想國〉的批評，更是常以違背人的自然本性為理由，對「定於一」及「共產公妻」的主張痛下針砭。

概括的說，亞氏治學風格所蘊含的多元主義精神，可說瀰漫於全盤思想的脈絡之中，這個特點，也就註定與其師門在政治哲學上分道揚鑣，只不過由於一脈相承的宗派色彩之遮掩，淡化了「定於一」和多元價值觀之間的歧異。按「定於一」的理念，當權者視為「撥亂反正」之道，古往今來總是揮之不去，成為治國平天下的理想，亞氏卻諄諄告戒謂執著「定於一」將招致國家社會的自我毀滅 (self-destruction)(*Pol* 1261b7–9)。在當時堪稱空谷足音，想必曲高和寡。今日視之，其哲理益為彰顯，可算是先知先覺者的警語。

四、亞里斯多德的中道（中庸）思想

如果要在亞里斯多德的學說中找出一條線索，用以貫穿其思想的總體或全局，而皆能相通，筆者以為那就是他最重視的中道（中庸）(mean)，亦即是他在《倫理學》和《政治學》中常常標榜而稱之為「黃金的中庸」(golden mean)。「黃金」也者，喻其可貴之意，此雖為抽象理念，但在實用上並非高不可攀（不像柏拉

圖所說的終極之好），按照亞氏賦予的意涵，不過是相對可取，或「得其中」最為相宜。倘若只就「行而宜之」這個原則來說，跟柏拉圖〈理想國〉的正義觀講求「各如其分」似甚相當。惟柏氏一意追尋哲君之治，就越過中庸境界而成為絕對主義了。

亞氏所言的中庸之道，在消極方面來詮釋，最能令人印象深刻，那就是不可流於偏執或極端 (extreme)。前已言及，亞氏的學術思想博大精深，他的著作跨越文、史、哲，包羅社會科學及自然科學的領域。其間融會貫通之重點正是在思維上相對而不絕對，多元而非一元，在在呈現蘊含豐富和寓意深遠的特色，不論重視歷史演進的過程 (respect to the historic process)，即所謂：認知要從「原初起始」(begin at the beginning) 的經驗研究，以及求真求實的科學方法，都隱含不偏執和不過分求全的意義。

至於對其師柏拉圖〈理想國〉的若干批評，如「定於一」顯然是走偏鋒的極端，設想凝聚眾意合而為一的價值觀，看似精彩，其實殊不可能，強求「以國為家」亦然。共產公妻更是悖逆人性和有虧於節制的偏差。其理由毋需贅言。

亞里斯多德的為人、治學、及其中心思想，近世學者之中，似以巴克 (Ernest Barker) 的評語最為貼切，他說：其人銘記於心者是歸納的習慣 (an inductive habit of mind)，一種歷史的氣質 (a historic temper)，以及科學的風貌 (a scientific outlook)。然而，總結這些特點與品味的源頭，皆在於他的中庸哲學 (converge in his philosophy of moderation) ❼。

---

❼ *The Politics of Aristotle*, edited and translated by Ernest Barker, Oxford University Press, London, Oxford, printed in the United States of America, 1958, pp. xxx–xxxi. 按亞氏在《政治學》、《倫理學》及相關作品中，對「中庸」一詞常以 "mean"、"moderation" 或 "mean and

(一)亞氏談中庸指涉倫理學、政治學、與經濟學領域

亞氏中庸思想的淵源，顯然係由其師門的正義觀引伸而來，惟柏拉圖所謂無過無不及或各如其分的理念，可說是停留在哲思的抽象陳述，很像中國儒家的「中道而行」或「允執厥中」的道理，其要旨不外乎做人處世應講求中道，大抵以倫理學為討論範圍，而亞氏談中庸，在倫理學之外，復指涉政治學與經濟學的領域，從多方面加以研析和論證。最特別的是他把中庸之道落實到平凡地步。也就是說，中庸不是一種高標準的大德，或只能在理想國中顯現，而是一般人皆可分享的美好境界。而國家的治與亂，政治體制的良窳，亦與此一境界息息相關。

(二)中產階級何以是國之瑰寶

乍看之下，對中產階級的評價，似為社會的與經濟的界域，但此一議論不免會觸及公平正義問題，則無形中必將牽連倫理與政治的層面。

亞氏在倫理學中談人生哲學，曾推崇中庸之道，他說，幸福的生活 (happy life) 要依循一種德行而生活，便可平安而無所窒礙 (impediment)，那德行就是中庸 (mean)，人生處於中庸境界最為美好。然而，什麼是中庸呢？歸納亞氏千絲萬縷的闡釋，一言以蔽之，可說是相對的好，反過來說，「過」與「不及」非中庸也 (the mean is opposed to excess or a deficiency, ...there is no excess or deficiency of a mean)❼。例如「勇敢」(courage) 的中庸之道應當既排斥懦弱 (cowardice) 又排斥粗暴 (rashness)，不過，通常標榜勇敢

---

moderation" 的字樣交互應用。

❼　*EN* 1107a8–27. 引見：Sir David Ross, op. cit., p. 204.

的人，排斥懦弱往往甚於排斥粗暴，可見得其中並非易事，換言之，中庸不是在任何情境之下皆可拿捏得恰到好處。「中道而行」一詞，常被誤解為必然是抉擇兩極端的中間點，這是很機械的看法，因為如何得宜才是關鍵。亞氏曾謂欲辨識何者為中庸，並無通則 (general rule) 可供我人明確認知該如何，行為者只能針對特定的情境 (particular circumstances)，予以全盤估算，然後作出適切的決定 (*EN* 1109b30–1111b3)。

　　一般的印象，中庸與極端相去甚遠，亞氏提醒此說失於籠統，似是而非，如就「過」與「不及」而言，中庸有時候接近「太過」而有時候又瀕臨「不及」（The virtue（指中庸）is sometimes near the excess and sometimes to the deficiency...）❼❽意謂中庸是美德，「過」與「不及」是罪惡 (vice)，所獲致者究為美德抑或罪惡，僅毫釐之差而已，猶如一步可登康莊，一步又可誤入歧途。此一甚為細緻的分析和警示，不免令人心驚！

　　亞氏在《倫理學》中倡言幸福人生不在於世俗所欲的富貴榮華，亦未期勉人生應追求至高無上的理想，而是讚賞中庸之道允為美好境界，其間的哲理，在某種層次上，似與蘇格拉底所謂「守住靈魂」或柏拉圖重視的「節制」，有相通之處，但並不相同，其所以能提出這般的人生哲學，還不如說乃是基於他在學養中錘鍊而成的平實智慧 (practical wisdom) 有以致之。

　　這種以中庸為貴的人生觀或倫理原則，若用之於政治（包括社會的及經濟的）領域，亦同樣地可讓國家社會享有安和樂利。亞氏對此一理念的解說，係以中產階級作為中庸的表徵，顯得通俗而又具體。柏拉圖〈理想國〉依據人的天資稟賦將芸芸眾生區分為三種等級，即金、銀、銅鐵，雖說若能各守其分各得其所，

---

❼❽　同上。此一分析，頗有解惑的作用。

便是合於正義，但揣摩其意實寄厚望於金銀質者作之君或國之干城，至於銅鐵質者，似未在議論之中。亞里斯多德《政治學》亦謂國家社會有三種人，惟其衡量標準不從人之資質而是依據貧富成分 (elements)，故應該說是三個階級，那就是最富、最窮、及介於貧富之間的中產階級 (the middle class)，他竭力稱許中產階級的種種好處，也就是最合於他所言不偏不倚的中庸美德。其原文云：

"Now in all states there are three elements: One class is very rich, another is very poor, and a third is a mean. It is admitted that moderation and the mean are best." **⑦⑨**最妙的是他並未明說最富的和最窮的階級之外，介乎其中的第三種人是中產階級，而是稱之為 "mean"，然後肯定溫和與中庸是最好的。

　　中產階級何以最合於中庸美德？亞氏認為這個道理是很容易理解的。一般而言，最富有的人，由於家世和門第高人一等，其性情往往自命不凡，甚至流於驕縱或傲慢，就群己關係而言，總是慣於發令而不甘受命，在志得意滿之時，更視享有特權為理所當然，以至於踐踏社會公義而不自知，故在別人的心目中，此乃自私自利和驕奢淫逸的階級。另一方面，最貧窮的人，終身勞苦仍不能免於匱乏，由於身份地位之卑微，到處被視為低賤，飽受屈辱，不免自慚形穢，累積的悲憤之情，足以導致其心思失去平衡。再者，役於人或聽命行事既是無可擺脫的陰影，久而久之，遂習以為常，故很難維繫自尊與自信，於是在自歎命薄之餘，亦有莫名的嫉恨，自然對社會無所留戀，亦不敢奢望任何前途的願景，不過勉強度日而已。可見最富有的和最貧窮的人是兩個極端，前者養尊處優，盛氣凌人，只想駕馭而不肯服從；後者則是不由自主地被愚弄及被驅策的群眾。但在某種情況之下，也可能鋌而

---

⑦⑨　*Pol.* 1294a9. 參閱：William Ebenstein, op. cit., p. 122.

走險，成為反社會的甚至革命的勢力。亞氏以為這兩種偏執，便是寡頭和貧民政體的緣由。

中產階級則是能「得其中」，因家道小康，「故富不足以驕人，貧不至於自賤」，❽這兩句話，對於中產階級的特色，及其合於中庸之道的意涵，可謂舉一反三，刻畫至深！簡言之，中產階級由於生活供養無虞，故能不憂不懼，心平氣和，既不必對富有的人心懷忿懟，亦不必鄙視窮苦的人，也就是說，既沒有理由沾沾自喜，也毋庸顧影自憐，展望前程，仍有力爭上游的寬廣空間，正因為在胸臆之中對社會有感念亦有期待，無形中成為可以與人為善之人，以及作為國家社會安定的柱石。職是之故，中產階級本身即具有中庸之道的特質，他們不會回顧過往，因為並無傲人的光榮歷史和獨占的既得利益；他們亦未遭逢被剝削的厄運，故不會憤世嫉俗，怨天尤人。易言之，中產階級的處境可謂比上不足，比下有餘，故得以維持相當的自尊與自信，他們從無宰制別人的野心，亦不甘任人宰制。因而可作為各有所偏的資產階級與無產階級之間的平衡器，從而得以促使社會趨於穩定。

竊嘗思之，近世思想潮流之中，資本主義與社會主義（包括共產主義），在意識形態上，可說是各有偏執，前者藉科技發達與自由競爭之便利，殷商、富賈、資本家，縱橫捭闔，在經濟市場中兼併壟斷，以強凌弱，無所不用其極，中小店家皆歸於蕭條；至於勞苦大眾，在在居於弱勢，很難不承受剝削，只能常年向最富有的階級討生活，自是苦不堪言！在政治上，則是錢可通神，資產階級得以輕而易舉地影響公共政策，幾可坐擁權勢及迴護既得利益，情勢如此，社會正義 (social justice) 必然發生傾斜，故資本主義的情景，用一句話來形容，就是最富有的人得勢，而最富

---

❽ 鄒文海，前書，頁 90。

有者為社會的少數，由少數人壟斷財富，乃是一種不公不義的偏差。諺云：一家飽暖千家怨，不免招致舉世無產階級的憤慨與抗爭，莫不視資產階級如寇讎，於是革命的風潮宛如怒濤排壑，不可遏抑。由於偏激的意識形態之鼓動，他們的訴求，不但是打倒資本家，甚且殃及中產階級在內的所謂「小資產階級」，亦為農工大眾批判的對象，在「窮人翻身」的口號下，必欲一併撻伐之而後快，然後朝向無產階級專政的路途邁進，這可說是反轉過來的另一種偏頗作為。

　　近代以來，從十九世紀到二十世紀，在時代潮流之中，資本主義與社會主義相互激盪，檢視其軌跡，不啻為亞里斯多德的中道思想或中庸哲學作了一番印證，那就是資本主義的偏差，引發了社會主義與共產主義的風潮，鋒芒所至，固然給予資本主義當頭棒喝，惟反其道而行的結果，世界上大部份地區風雲變色，雖說要打破壓迫與被壓迫的關係，讓貧窮的人得勢，但階級鬥爭帶來的衝突和變亂，使政治社會陷入另一個極端，也是另一種墮落。

　　亞里斯多德在批評富有的權貴只懂得專橫的統治 (...only rule despotically) 之後，亦曾指摘最貧窮的人，在蠱惑和操弄之下，會流於十分極端和墮落 (on the other hand, the very poor, who are the oppsite extreme, are too degraded)。言外之意，最富有的人和最貧窮的人之間，種種糾結難以舒解，實為政治社會不安的潛在危機。按近世政治經濟學者對於如何達成政治穩定 (political stability) 的研究，亦持類似見解。亞氏提供的舒解之道，就是他的中庸哲學，落實的說，即以能發令亦能受命的中產階級為命脈。他曾斷言，最好的政治社會應由中產階級的公民 (citizens of middle class) 為主流。換言之，中產階級儘可能要大於最富有的和最貧窮的階級，如其不能，至少也要比二者之一大些 (...stronger if possible than both the other classes, or at any rate than either singly) ❽，否則，政治社會的動盪與紛亂，便將不絕如縷。

　　柏拉圖〈理想國〉標榜「哲君」之治，曾剴切地預言治者不能無私，人間必至紛亂不已，永世不得太平。亞里斯多德《政治學》未將治國平天下的理想繫於哲君一人，而是寄望於中產階級，藉以消弭或舒解最富有及最貧窮階級之間的矛盾，扭轉偏頗歸於平衡，庶可臻於強不凌弱眾不暴寡的中庸境界 ❽。對於治亂的癥結所在，亞氏的議論和對策，比之於柏氏非凡的見解，顯然較為平實，蓋絕對無私的哲君，可遇不可求，而中產階級為主的社會，並非遙不可及，它是可欲的，也是可能的，但卻極為可貴。相形之下，後者所矚望與所求取者，不過是人間國度的可行方策，特別是中產階級作為中庸之道的表徵一節，使中庸的抽象意境得以落實，同時，亦可顯現中產階級何以堪稱國之瑰寶。

資本主義與社會主義合流的意義

　　前已述及，資本主義與社會主義各有偏頗之處，且彼此針鋒相對。前者富則富矣，但不均與不義，招致最大多數人之反感和怨聲！階級之間的裂痕，成為社會和諧揮之不去的陰影。而後者對所得分配的調控甚為注重，藉以彰顯社會正義，但卻有虧於自由競爭，市場景氣因計劃經濟的束縛而流於蕭條，以至於國力不振，民生凋敝；或以此故，經歷多年的深切感受和理性檢討，兩造不得不修正各別的偏差，於是資本主義著意於遏止富者愈富、

---

❽　*Pol.* 1294a35. 見：William Ebenstein, op. cit., pp. 122–123.

❽　Ibid. 又見：*Pol* 1290a13; 1295a25–1296b12; 1296b13. 其間意味深長的一句話是："The greater the imbalance, the more extreme will be the democracy or oligarchy that results."

貧者愈貧的惡質化形勢，乃以累進租稅為手段，節制私人資本，並建立制度化格局，擴大社會福利的措施，以嘉惠弱勢族群，讓公平正義大為伸張，此等作為本是社會主義的方策，卻為資本主義國家所借重。另一方面，社會主義國家則是揚棄「不患寡而患不均」的意識形態，不固執發達國家資本的舊有思維，轉而追隨市場經濟的步履，鼓舞投資意願，以及大力的刺激景氣，顯然是憑藉資本主義的手法，追求國家社會的繁榮。

　　說來不免令人稱奇者，原先相互對峙的主義，不再堅持一貫的立場，亦可說是不走偏鋒，論者謂為意識形態的式微或主義的「變形」，更妙的是奉行社會主義與共產主義的國家相當開放地步趨資本主義路線，而向來「道不同」的資本主義國家卻節制私人資本，甚至通過反托辣斯法 (Anti-Trust Act)，以抑制財團壟斷，在作為上，儼然呈現社會主義的風貌。如此非比尋常的一來一往，無以名之，姑稱為主義的合流。其間的意義，耐人尋思。這種借助他山之石的自我修正，其價值取向頗有「允執厥中」的意味。按兩大思潮的流變，似依循世道人心而採擇中庸哲學以扭轉固有的偏執，這麼說，大致可寫照其動向。

中產階級政黨成為主流所蘊含的啟示

　　研究政黨頗具盛名的學者杜佛傑 (Maurice Duverger) 將世界上多如牛毛的政黨，化約為三大類：①十九世紀中產階級政黨 (The middle class parties of nineteen century)；②歐洲大陸社會主義政黨 (The Socialist Parties of Continental Europe)；③法西斯黨和共產黨 (Fascist Parties and Communist Parties)。最後一項屬於極端政黨 (radical parties)，在當今之世，已趨於沒落或窮途末路。

　　十九世紀中產階級政黨是籠統的稱謂，實以英美政黨為典型，

如：保守黨、自由黨、共和黨、民主黨等。它的特徵是在階級意識上無所偏執，故具有廣大的代表性。其所以有意避開意識形態的問題，無非是為了擺脫偏狹的立場，所以英美政黨大體上是不講主義的，只提出政綱 (platform)（又稱黨綱）對選民作承諾。它們以中產階級為名號，不過是表白其屬性中和，不走偏激路線。從近世紀政治發展的局勢看來，中產階級政黨顯然已居於主流地位，成為新時代的寵兒。

歐陸社會主義政黨，總是難以忘情於意識形態，在特定理念和使命感的牽絆之下，步履蹣跚，似有漸趨蕭條的跡象。這些年來，法國及義大利的共產黨，曾先後表態，不再堅持無產階級專政的路線，甚至德國的社會民主黨，亦宣佈放棄階級立場，此實為客觀情勢所迫，要爭取國會議席，就不能作為階級政黨而流於偏頗，否則便得不到廣泛的支持，也就註定萎縮與沒落的命運了。

審察潮流的趨向和政治發展的跡象，資本家壟斷及無產階級專政的格局，俱已不得人心，不合時宜，且皆疲態畢露。明乎此，中產階級政黨之所以大行其道，便不難理解了。中產階級政黨，又稱「掮客黨」(broker party)（筆者譯為市場取向的政黨），蓋此等政黨不受偏見之牽累，其黨綱一味投合眾意，宛如買賣人但為巴結顧客而調節經營的取向。當然，這並不表示重「利」而不重「義」，中產階級對自由、民主、及社會正義等理念皆甚熱衷，「掮客黨」豈敢怠慢？相對地，脫胎於社會主義的「使命黨」或「教士黨」(missionary party)（喻其固執特定理念，著重於坐而論道，如同教士傳教），由於陳義過高，自然易於和民間脫節，也就難以親近百姓。再者，「使命黨」不乏精英之士，在政治上往往偏執一端，浸沉於意識形態之爭，強調有所為有所不為，凡夫俗子不免望望然而去之，其結果是無從取得國會多數席次而失去政治舞臺。

可見政黨在民主選舉的壓力之下，不得不以大眾的喜好為依歸。

　　當今之世，民主國家的政黨，隱約之中有一通則，那就是黨綱政見總要具有包容性的特色，即迴避偏激的立場和尖銳的言詞，以免投合一部份人的口味，而失卻相對地許多人的支持，換言之，在有所主張之際，不可顧此失彼，理當尋求兼容並蓄的平衡，才是上策。職是之故，政黨應不走偏鋒，並守住溫和與折衷的原則，基於這般的體認，有人說：「沒有溫和與折衷，就不成其為政黨」(no parties without moderation and compromise)❽❸。這裡所說的政黨顯然是指在選舉中爭取全民支持的政黨，也就是「掮客黨」。

　　若以「掮客黨」與「使命黨」作對比，相形之下，前者佔盡優勢，後者則似有逐漸偏枯的趨勢。政治學者雷尼 (Austin Ranney) 因而斷言："The major parties tend to be of broker rather than missionary parties."❽❹這個看法，頗能描述當代政黨勢力消長的形勢。

　　中產階級政黨成為當代政黨政治的主流，絕非偶然。近世政治興衰的經驗告訴我們，極端的政治勢力，在某種情勢之下，雖如電光石火，快意恩仇，但偏激的作為，難以支撐可大可久的格局，狂熱過後，盡是寥落的情景，國計民生為之惶惶不安。唯有中產階級才是社會的中流砥柱，因而中產階級政黨獲致全民青睞並不意外，從而印證無所偏執的中庸之道，毋過毋不及，政治穩定和平衡，方得以維繫。

　　總而言之，不論是資本主義與社會主義合流，以及中產階級政黨成為今世民主政治的主流，在在顯示，亞里斯多德在二千多

❽❸　Clinton Rossiter, *Politics and Parties*. 引見：謝延庚著，《寬容之路──政黨政治論集》，臺北：東大，民國 85 年 1 月，頁 120。

❽❹　Austin Ranney, *Governing*. 引見：前書，「現代政黨政治的主流及其趨向」。

年前以中產階級表徵的中庸思想，確為當代的普世價值，並已大
行其道。

如何造就中產階級及使其強大？

已如前述，亞里斯多德推崇中產階級為國之瑰寶，他很嚮往，
最好的或較好的政治社會應由中產階級公民構成，並有進一步的
和細緻的設想：縱然中產階級未能大於富人階級與窮人階級，至
少也要比兩端之一大些。然而，對於如何造就中產階級並使其強
大？亞氏並未作具體而清晰的說明，實為美中不足之處。何以有
此疏漏？想必觸及不易紓解的困境。按希臘賢哲之中，未曾有人
談過此等課題，而亞氏是一位注重經驗研究的人，態度嚴謹，在
他檢視一百五十八個城邦的政治社會之後，並未提到任何案例因
社會改造獲致中產階級強大而留下典範。以雅典而言，氏曾於《雅
典憲法》一書中確認該城邦從所未有合於中道的環境，在字裡行
間雖有提升中產階級影響力的企圖心，從而建立新的政治結構，
但那不過是鏡花水月而已。析言之，在亞氏著書立說倡言中庸哲
學之際，堂皇的治國理念比比皆是，至於如何造就中產階級的主
體地位之相關文獻，則是空空蕩蕩，盡付闕如。再者，諸城邦政
治社會的生態多已積重難返。面對這般困局，毋怪乎亞氏難為無
米之炊了。

對於如何造就中產階級的主流地位一節，亞里斯多德的經營
之道，也並非一片空白，如掇拾散見於各處的相關議論，還是可
以尋繹某些重要線索，從而得其梗概。譬如亞氏主張原則上仍採
中庸之道作為對應，他認為政治社會中有兩種相抗衡的力量：其
一為「質」，另一種是「量」，前者得之於門第、家世、財富與地
位。當然，這許多條件皆與優越的教育有關；後者則是指未能享

有此等富貴榮華的芸芸眾生。不論由哪一方得勢，政治社會必將失之於偏頗（理由不贅述），故造就中產階級為主流，須抑制雙方，庶可歸於平衡，然後方能撥亂反正。

　　其實，亞氏雖批評其師所謂金質、銀質的人應共產之說，未免過於偏激，但他亦不贊成讓最富有的人把持權位，無非是顧慮掌權的官吏更有機會聚積財富，則金錢與權力狼狽為奸，其結果是寡頭壟斷，不僅政治敗壞，且被剝削的百姓之命運，亦不堪設想。反之，若由以「量」取勝之一方坐大，在政客的操弄之下，名為民主，實已淪為暴民政治，其禍害，更是令人不寒而慄！

　　如上所述，亞氏想不讓最富的人做官，不讓做官的人斂財，也就是權位與財富不可集於一身，此亦為中庸之道。換言之，使令譽和金錢分離，在不能均富的冷酷現實中，多少可增進治者與被治者之間的和諧，在消極方面，或可袪除被治者心頭的嫉恨。

　　這麼看來，亞氏蓄意想把階級社會的兩端向中間移動，至為顯著，他所採取的策略是多面向的，根本之圖，則是寄望於教育，明確的說，乃是依恃教育塑造合於中庸的德性。亞氏既不偏向一味篩選鳳毛麟角，期盼其成為少數精英（這與柏拉圖以造就政治家為鵠的之教育宗旨大不相同）；又不輕忽資質魯鈍者，僅給予生活技能的訓練，而是普遍透過修辭學、數學、音樂、及文學等科目，以啟發學生的心智，並增進其高尚的情操，無形中淡化對錢財和物質享受的依戀；另一方面，亦鼓勵貧寒子弟，激發其力爭上游的意志和信念，俾免自甘於卑微，甚至自暴自棄。換言之，施教的著力點，可說是一面刻意排斥養尊處優的習氣，一面讚賞公民的責任感，以及對弱勢族群的同情心，藉以培植受教育者協和的性格 (character of harmony)，以期能得其「中」而與人為善。

　　亞氏對於在教化過程中如何型塑合於中庸的人格特質，曾作

過很巧妙也很傳神的比喻，他說：猶如操弄豎琴 (by playing the harp)，要細緻地而又準確地掌握每一個節奏，使其不疾不徐；又曾舉例，運動與飲食，太過或不足，皆會有害人體；一個人甚麼都怕，就會變得懦弱 (coward)，反之，甚麼都不怕，就會變得有勇無謀 (foolhardy)，那末，就不成其為勇敢 (courage) 了。歸納的說，首要之事，要讓受教育者銘記於心，凡關進德修業與做人處世，太過和不及，皆須避免，這便是中庸哲學的根苗 (Here we have the germ of the doctrine of the mean) **⑧⑤**。

此外，亞里斯多德亦把握任何場域或機會，總是發表相對的、持平的論調，以舒解「過」或「不及」所衍生的問題。例如柏拉圖有感於希臘城邦的變亂，大多由於當權在位者一味貪圖富貴而不顧民間疾苦所致，乃於〈理想國〉中倡議統治階級應共產公妻，從根本上杜絕其私欲，亞氏強烈指摘此一主張不啻是以一刀斬斷的極端去對付原先放任治國者徇私的極端，意謂為了矯治偏差，卻鑄成反轉過來的更為嚴重的偏差。後來對於如何解救因矯枉過正而失去平衡的弊害，亞氏提出「私有公用」(private possession and common use) 的原則，其實，這就是毋過毋不及的中庸之道。按此一理念的實踐，亦非易事，到頭來還是要靠教化提升公民的德性，方可有成。

解析的說，亞氏始終認為私產和家庭，乃是基於人的自然本性，不可悖逆。換言之，人的慾望與衝動，很難用強制力加以禁止，祇能因勢利導，使其適可而止，在何者有利、何者有害的體悟中，才能逐漸修正偏差而趨於平衡。亞氏在《倫理學》中言之諄諄，與其倚仗偏激的手段，迫其就範，不如透過家庭的教養及

---

⑧⑤ 參閱：*EN* 1103a14–b25, b26–1104b3.；又見：*Pol* 1296b13–1297a13. "Why Democrats and Oligarchs should cultivate the middle ground."

社會的公共教誨 (public teaching)，灌輸節制的美德，凡事「中道而行」，反映在政治生活中的特色，就是公民教育的旨趣，要既能發令，又能受命，如此方能化解富人只偏愛統治與窮人只慣於服從的積習，這正是亞氏造就中產階級的重點。眾所週知，「役人」者總是不肯「役於人」，而向來「役於人」者豈敢「役人」？久而久之，亦不知如何「役人」。亞氏所設想的教化，要使同一個人能屈能伸，乃是扭轉兩極端而歸於中道，看似甚難，其實不然，因為雅典民主政治的流行觀念，原本就有「人人統治亦人人被治」之說，故這般中庸哲學用之於公民教育，並非無中生有，當不致強人所難。

㈢亞里斯多德的政體論

亞里斯多德《政治學》最精彩的部份，論者多推崇四至六卷的那幾章，特別是談到什麼是好政體一節，在一番探討之後，他提出所謂混合政體 (mixed constitution)，即溫和的民主政體 (moderate democracy)、或稱「波利提」(polity) 作為答案，可說是充分體現政治哲學上的中庸之道。

政體論的淵源

亞氏對政體的分類，大體上係脫胎於柏拉圖的〈政治家〉篇及〈法律〉篇。柏氏依據當時希臘城邦的政治現實，將政體區分為由一人統治的君主政體、由少數人統治的貴族政體、以及由多數人統治的民主政體。後來為了表述若不能達成「哲君」之治，政體必然趨於腐化，則君主政體將墮落為暴君政體，貴族政體將墮落為寡頭專制政體，民主政體將墮落為暴民政體，此即所謂政體的腐化過程，或稱政體循環理論。

　　至於政體孰優孰劣?〈理想國〉的理念,唯「哲君」方能造就正義國家,其餘政體皆不免逞其私欲,淪為寡頭政體或貧民專政。〈政治家〉篇饒有新意,破天荒地以法律規範為座標,評定政體如何,即受法律約制的一人之治為君主政體、少數人之治為貴族政體、多數人之治為民主政體;反之,若不受法律約制,則依次為暴君、寡頭、及暴民政體,並自其變者而觀之,論斷優劣:在法律規範之下,君主政體最優,民主政體最劣;若法度蕩然無存,而原先最劣之民主政體反而較佳,何故?蓋庸人之治,為善不足,為惡亦有限,稱其優,非真正好評,實以害從其輕之故也。(貴族政體及逆轉而為寡頭政體,皆介乎其中,略而不予評論。)

　　柏氏〈法律〉篇未再引述〈政治家〉篇對政體類別與評價,只簡約地告誡切勿重蹈波斯暴君政體及雅典暴民政體的覆轍,而是應當去蕪存菁,採擇兼容並包的混合政體。亞氏似乎吸納了〈政治家〉篇所蘊含的政體無絕對好壞及〈法律〉篇語焉不詳的「混合政體」觀念。

什麼是亞氏心目中的好政體

　　亞里斯多德《政治學》上的核心課題之一,輒為什麼是好政體? 這也是古往今來不斷爭論的和最不易解的難題。柏拉圖從早期到晚年對此皆曾著墨,並先後提出不同的解答,但總的來說,不免失之於粗疏。亞氏所論列者,周詳而又深入,其間或有沿襲類似詞彙如「混合政體」等用語,惟所賦予的概念及相關義理的闡述,則是大異其趣,特別是思考邏輯和議論,不獨在當時具有卓然不群的超越性,即使在近代觀之,亦屬鏗鏘有聲,發人深省。

　　對於什麼是好政體的問題,亞氏並未就希臘城邦三種類型的政體(君主、貴族、民主)肯定其一,而是作一番客觀和多面向

的設想，首先他假定上述政體各有千秋，即各有所謂合於正義的地方 (all these forms of government have a kind of justice)，很難說何者是絕對的好。

然後，亞氏引伸的說，倘若一人之治的君主，睿智而又具有碩德，公道無私，愛民如子，則君主政體當然是最好的。又如少數統治的貴族，品德高貴，氣度非凡，廣受百姓愛戴而視為英雄人物，那末，貴族政體亦屬難能可貴。至於多數人統治的民主政體，果真能以民為主，恪遵法度，且憲治凌駕一切，舉凡國計民生之大政方針，皆有所本，又能理性從事，不走偏鋒，則民主也是上上之選，有何不妥？

反之，大位歸於一人，其人竟為無道之君，不以蒼生為念，一意孤行，無所節制，王土王臣，俱為其囊中之物，只因一人之不德，原先最好的君主政體，乃淪為最壞的政體。依此類推，若少數統治的貴族，沉溺於逸樂，亦可導致政體腐化，使風品優越的貴族政體驟然變色。多數統治的民主政體，可能因走向偏激而變亂崩解，於是以民為主的理想，亦可能化為灰燼。

可見政體本身並不能決定其必然如何的命運，換言之，政體或優或劣，端視其相關條件是否具備而定。假設政體的名號不變，但由於欠缺必要的客觀條件，則最好的政體可能腐化成為最壞的政體。前已言之，君主政體與貴族政體，若治者失落盛德與風品，只此一端，便可逆轉為暴君肆虐或寡頭專橫，成事敗事，在於王者一念之間，真所謂「差之毫釐，謬以千里」。至於多數人統治的民主政體，其成敗的關鍵如何？亞氏依據雅典的經驗，最要緊的是看政治社會中三個階級的分佈及其動態，例如雅典的紛亂，顯然由於黨派之爭 (factional contest)，而黨派之爭的根源，又由於富有階級與貧窮階級之間的對立。富人多為地主，財大氣粗，居於

多數的窮人，自然憤憤不平，雖以爭取自由為口號，但總是被譁眾取寵的政客操弄於股掌之上。作為穩健與安定角色的中產階級，微不足道，只能任由偏激的兩端相互鬥爭而失去平衡。亞氏因而強調要想民主政體步上正軌，其不可或缺的客觀條件，就是要以強大的中產階級為基礎。這可說是亞氏的一項創見，不僅拿它作為中庸之道的表徵，同時亦賦予攸關國家治亂的角色地位，故認定它是政體好壞的支配性因素。

　　談到什麼是好政體，亞氏提出兩項認知上的邏輯思考：其一，什麼是「好」的定義？其二，由誰來決定？關於前者，他歸結為不但要考量什麼是理論上的好政府 (the best government)，而且要尋求什麼是可能的政府 (what government is possible)，及「易於達成的好政府 (what government is easily attainable by all)❽。對後者則以隱喻方式謂「菜餚是否美味的評價應由食客而非廚師來判斷」(the guest will judge better of a feast than the cook)，言外之意，政體的好壞應由大眾 (multitude) 而非少數精英 "best (*aristoi*) but few" 來決定 (*Pol* 1281a40–42)，進而推論多數 "the many" (*hoi polloi*) 參與較精英統治為佳 (*Pol* 1283a40–43, 1283b32–34, 1286a27–31, 1287b12–29)。反覆解析之後，亞氏並未以熱情頌讚何種政體最為卓越，因為他似乎看穿了上述三種政體的陰暗面。最令人震撼的說法，不同政體之間的差異，在表面上至為懸殊，其實不然，譬如一個民主形式的政體，它的決策 (policy-making) 作風可能是獨裁和專斷的，試問，這與寡頭政體何異？他更明確的說，揭開形

---

❽　*Pol* Book IV, 1288b34–39. 參閱：John H. Hallowell & Jene M. Porter, *Political Philosophy, The Search for Humanity and Order*, Prentice-Hall, Canada Inc. Scarborough, Ontario, Aviacom Company, 1997, p. 85.

式的面具，民主政體跟寡頭政體如皆趨於極端，實與暴君政體無
甚差別。所以亞氏著意於平實，暗示民主政體較合於在比例上佔
多數的平民大眾之心意，不過，他強烈批評雅典民主政體失之於
偏激 (extreme)。隱約之中，不論一般所謂富人統治的寡頭政體和
窮人統治的民主政體，各有其弊害，但亞氏卻語帶玄機的說「如
不使其走上極端，二者皆可容忍」(both oligarchy and democracy
may be tolerable forms of government if not pushed to extremes)(*Pol*
1309b31f)，其中的意涵，值得尋味，這對於今人固執某一制度為
「最好」的機械論者，頗有解惑的作用。

　　亞氏之言，無非是凸顯其不走偏鋒的中道思想而已，其價值
在於哲理的啟示。如以歷史眼光，依循實際政治的經驗來觀察，
不論哪一種政體，如欠缺有效的監督，恐怕很難期望統治者自我
節制，又如何保證其不流於偏激呢？

　　總結的說，亞氏不認為政體有絕對的好壞，誠然，在他的思
想中，從不認同「單一的理想政治體制」(a single ideal form of gov-
ernment) ❽。總是嚴謹而折衷地討論相關課題。歸納言之，從他的
隱喻中，已表示精英統治不如大眾參與，其所秉持的義理──「人」
畢竟不是「神」，即使天縱英明的治者也會犯錯，蓋眾意的不約而
同，往往有其公道，政治上見仁見智的議論，可說是永遠無解的
難題，「眾望所歸」或「眾人皆曰」雖屬籠統，但不失為止息紛爭
的良策。故亞氏在不迷信既有的單一的理想政治體制之前提下，
採擇折衷與修正，最後他終於披露心目中較好的政體是溫和的民
主政體 (moderate democracy) 或混合政體 (mixed constitution)，又

稱「波利提」(polity) ❽。作為一個政治符號，所賦的意涵，似兼顧多元與折衷。

　　亞里斯多德的混合政體，與柏拉圖晚年所倡說者，名號相同，但在實質上則是頗有差異。柏氏只著眼於體制本身的混合，在權力分配上顧及各方的利益，藉以達成妥協，減緩相互的衝突和紛爭。例如在同一政體之中，同時賦予君主、貴族、及民主的精神。亞氏的主張，雖亦有使其融合而求取平衡之意，惟並不衹在政體形式上作文章，其注意力更及於政體的下層建構，那就是政治的社經基礎，即階級的分佈及其動態。治國者應處心積慮，節制重視財富和重視自由的兩種極端，扶植能出令又能受命的中產階級為中流砥柱，於是溫和的民主政體便可落地生根，精英統治的代表性薄弱，貧民專政的易趨偏激，二者的緊張關係因而得以舒解，真正的「混合政體」方可應運而生。可見亞氏的「混合政體」乃是中庸政治哲學的產物。

革命的緣由及防範之道

　　亞里斯多德在《政治學》第五卷中，細說革命的緣由及防範之道，其間列述希臘化世界政體興亡的故事。並分別提示民主政體及寡頭政體被推翻的原因 (why democracy and oligarchy are overthrown) ❾。也就是說，革命的發生，有其種種不同的背景，

---

❽　《政治學》中，"polity" 一詞，有多元、混合、及得其中之意，其有言曰："Many things are best for the middling. I would be of the middling sort in the city" (*Pol* 1295b30–35)，又在 "democracy" 之前加上 "moderate" 的字樣，意味對民主政體的修正，使其揚棄偏激而歸於中庸。

❾　*Pol* 1304b19–1305a36; 1305a37–1306b21. 其有言曰："...A democra-

但與政體相關者，不外乎由寡頭政體和民主政體肇其禍端，因二者各有偏差，均處於不平衡和不穩定狀態，最足以導致革命風潮。

最值得讚賞者，亞氏剖析革命的緣由極為透闢，他指涉的重點，並不侷限於體制的本身，或宮廷、派閥中政治人物的興風作浪，而是深入探討社會貧富階級之間的不平與鬥爭，實為革命的根本原因。亞氏認為人的不平之感 (the feeling of inequality)，幾乎無可避免。析言之，所謂不平，不一定基於千真萬確的事實，那不過是主觀的感覺，自負聰明才智極高（未必真實）的人，其所獲致的地位與報酬，若與泛泛之輩相當，便會深感不平；而資質平庸者卻認為須絕對相等才是平等，目睹旁人富麗堂皇，亦心生忿懣，詛咒社會欠缺公道。誠然，這種認知差距，即絕對的平等觀和相對的（比例的）平等觀，越是在貧富懸殊的社會，越是顯著和易趨於尖銳化。

嚴格的說，階級的門戶之見或本位的心態，必然衍生不平之鳴。譬如亞氏於批評柏拉圖共產公妻的主張之際，即曾警示：就銅鐵質階級立場而言，金銀質階級據高位、享殊榮，卻可不勞而獲，豈有此理？惟就金銀質階級立場而言，雖居治國者的大位，但卻無可支配的財產，甚至無一己的妻室兒女，何其淒苦！按亞氏的弦外之音，若果真任憑雙方各有不得其平的怨憤蓄積心頭，則革命的潛在危機便揮之不去。此一假設中的洞見，可引為革命原因的論證。

談到如何防範革命，亞氏強調人間的不平之感既為革命的根由，就很難絕對地有效防杜。他堅信可大可久的治本之圖，乃是

---

cy and oligarchy that is bound by laws may change into democracy or an oligarchy with soverign power, or vice versa." 意謂二者的波動往往惡性循環，衍生相互取代的輪迴。

應刻意提倡中道 (mean and moderation)，並落實於扶持中產階級，然後，無所偏執的「混合政體」始可望脫穎而出，也就是在理念上務求統合精英的「質」與平民的「量」，退一步說，即使政體的形式依舊是寡頭政體或民主政體，只要基層結構具備「中道而行」的條件（意指中產階級強大足以左右大局），自可降低或緩和社會各方的不平之感，那末，革命的危機，將可望於化解。這麼看來，亞氏的「混合政體」具有「致中和」之深意，在理論上雖不排除取法乎上（七、八卷理想城邦的議論）但在實際上則是講求可能與可行的「好」。更重要的是這種兼容並蓄的涵融，無形中增進平衡與穩定，亦所以淡化階級與意識之間的紛爭。檢視亞里斯多德防止革命之道，還是脫離不了他的中庸哲學。

實事求是的政治觀

亞里斯多德的所知所悟，強調政治家不可只著意於建構心嚮往之的理想國，更重要的是應秉持踏實的智慧 (practical wisdom)，針對特定的環境，衡度何種政府體制可用之於最大多數國家，且最易達成，儘管就政治哲學的理念而言，它不是最好的，甚至在政治現實中也不是最可取的抉擇，然而，那卻是得以勉強為各方接納，而又可望度過難關的一種機制。論其風品，這般政治人物和退而求其次的作為，已然不是柏拉圖所謂的政治家或哲學家，因為其人罔顧冒犯應有之大德與節操，不惜施行機巧，攏絡不高明的當權在位者及無知的臣民，只圖善用有限的工具條件，在現狀的基礎上，截長補短，進而逆流而上，抵達彼岸。換言之，這種無視於義理公道，而但求權宜變通的策略，亞氏稱為政治藝術的界域，可謂政治上的「術」，不免會疏離個人倫理或私德，但無傷於人性哲學，這正是他之所以明言好公民的德性 (virtue of good citizen) 不同於好人的德性 (virtue of good man) 之緣故**❾⓿**。

　　亞氏在他的政體學說中，曾批評議論政體的人，往往太注重政體的形式和稱號，而忽略其面貌背後的實質。他講過一句發人深省的話語，亦是提出一個常被忽略的問題：寡頭政體與民主政體究竟有多少種**❾①**？這是務實的政治家不可不察的。一般的印象，總以為每一種政體只有一個形式，這是一項入人至深的誤解。其實，號稱民主的政體可能以寡頭的方式統治；而名為寡頭政體者，並不排除為政得人與治術開明，其結果，不亞於民主政體之所為。又譬如同為寡頭政體，其一，由於國之財富和權勢俱為極少數豪門世家所壟斷，跋扈而又偏執，民間怨聲載道，因而紛亂不絕如縷。另一寡頭政體，設若社會的貧富差距不大，中產階級有其份量，則壓迫與被壓迫的關係未趨極端，便會遠較前者易於治理，其政績亦可能顯得較為高明。民主政體之區分，也是不一而足。一般所熟知者，乃是只基於平等原則 (the principle of equality)，人民的極大多數皆無恆產，以是之故，有人稱之為貧民政體。在形式上，國家主權為民所有 (the decision of the majority is sovereign)，但它的特點是由法律規範平等的意義，即居於多數的貧民並不當然凌駕富人之上，而是以相等的地位共享公民權利。其實，貧民雖佔據「量」的優勢，惟皆忙於謀生，但求溫飽，不求榮譽，故

---

❾⓿　*Pol* 1276b16–1277b32. 亞氏質疑好公民可同時又作為好人，除非在理想國裡，而且還要作為治者而不是被治者，並謂這種理論華而不實，無所助益。"The good citizen can be a good man in the 'best' state, and only then when he is perfoming the function of ruling, not when he is being ruled. Such a doctrine sounds to us arid and unhelpful."

❾①　*Pol* 1288b21. 其有言曰："I mean he must be able to consider also a constitution which is given, both how it could come into being...."

既無能力亦無閒暇參與或過問政治,甚至對象徵民權的公民大會,亦望望然而去之,於是少數民選官吏便可操控行政的權柄這一點,幾與寡頭政體的貴族之治相當。然而,最後的主權畢竟歸屬於人民,正因為並不依恃公民大會統馭萬方,政府權通常俱由法律制約,官銜不致專橫,民氣亦不致泛濫成災。

另一種民主政體,可說是極端的平民政治。簡言之,即公民的意見高於一切,透過選舉或抽籤,即使是市井之徒,亦可擁有權位。由於政客的縱容和鼓動,公民大會成為統治權的怪獸,眾意如火如荼,法律因而暗淡無光,真正的才智之士,自難有容身之地了。亞氏所指者,顯然是雅典的民主政體,也就是他所強調的若無法度的節制,民主政體和寡頭政體,其專橫與紛亂,皆因失之於偏激而不堪收拾。

亞氏之所以不厭其煩的列述政體類型**❾❷**,無非是警示千萬勿為政體形式的表象所惑,重點是該政體能否守住中庸之道,不走偏鋒,這當然不是招之即來的價值,而是要看有無憲治的依憑,以及有無足以平衡多數貧民的中產階級。否則,倘若此等相關要件皆付闕如,那末,不論多好的政體,恐怕也難以發揮功能,從而達成國泰民安。職是之故,亞氏雖亦重視政治理想,但並未在師門的象牙塔中迷失,他十分冷靜地警覺政治哲學的理念祇能為政治現實指點迷津,也就是說,「應然」與「實然」不可混為一談。他之所以偕同門生千辛萬苦地蒐集了一百五十多個城邦的憲政資料,作比較研究,顯示其實事求是的政治觀,這種獨樹一幟的思想路線,可說是亞氏政治思想轉振點。不過,我人不可誤解,他重視實際政治的描述和分析之經驗研究,便是背離取法乎上的政治哲學,其實,他對高尚的道德情操,自由平等的憲治理想,以

---

❾❷ *Pol* 1294a30–1294b41.

及人文社會的美好境界，始終都是滿懷憧憬。然而，或許種因於科學背景，亞氏委實熱衷於經驗研究，特別是《政治學》四至六卷，顯示他何等重視政治現實的描述和分析，以致很自然地將政治藝術與技術納入政治家的眼界，因為那足以改變顛撲不破的政治理論。有人說，亞氏冷眼觀察政治現象，宛如醫生解剖肢體，從而診斷如何治療。故不妨稱之為政治病理學家 (the pathology of politics) ❾❸ 。

近世思想人物之中，孫中山曾批評馬克斯 (Karl Marx) 為病理學家而不是生理學家，以其只見於人類的鬥爭，無視於人類的互助，因而指摘這位共產主義的大師失之於偏執。其實，亞里斯多德倡導政治科學，理智地指陳政治上的病態，或可扭轉古代思想大多傾向於隱惡揚善的偏執。

大體而言，亞氏始終認為寡頭政體與民主政體畢竟各有所偏，顯然牴觸其中庸哲學，乃思索如何加以調和，遂有混合政體之想。若以近代的詞彙表述，就是要求兩造抑制各別的極端，達成妥協與讓步 (compromise)，不再是有你無我的「零和」，其間的哲理在消極上是止息紛爭；從積極的意義而言，則是寬容多元價值，融合為多重利益的政治 (multi-interest politics)。說得更具體些，也就是寡頭與民主人士在同一個政體中共存共榮。誠然，讓屬性截然不同的分子水乳交融，談何容易？不過，亞氏基於實事求是的政治觀，一再奉勸出色的立法家 (the good lawgiver) 和聰明的政治家 (the genuine statesman) 不可一味地執著想像中的良法美意，同時也要評估其可行性如何？他解析的說，重要的當認知「是如何」

---

❾❸　John H. Hallowell & Jene M. Porter, op. cit., p. 91. 其評說頗為深刻：
"Aristotle is not sanguine about the probability of achieving this appropriately be called the pathology of politics."

(what it is) 而不是祇執著於「該如何」(what it ought to be)? 譬如制憲，不可祇著意尋求最好的憲法 (absolutely best constitution)，還要檢點哪些恐怕是不可能達成的 (impossible to attain)，哪些是難以跨越的外在阻礙 (hindrance from outside)❾❹。

按亞氏之意，寡頭政體與民主政體為自身之利害著想，何苦在各別的極端中顛覆沉淪，理當面對現實，委曲求全，共謀解救之道，那就是所謂的混合政體。他模擬的說，不妨嘗試各種可能的方式為之，例如反映「量」的大會可採取民主的途徑組成；至於功能性的角色，仍可由具有「質」的條件者遴選充任。究竟如何規畫政府結構，如何分配權位和安排人事，原則上應由憲章及法律定之。

憲治的法度亦以中庸為本

亞氏在批評寡頭政體和民主政體各有所偏之後，他心目中較好的政體已是呼之欲出，那就是前述之混合政體，氏曾以一同義字 "polity" 作為表徵（原詞當然是 mixed constitution），並明確的詮釋："polity as a mixture of oligarchy and democracy"（「波利提」乃是寡頭政體與民主政體的混合物）❾❺。然而，這個混合物的意涵究竟為何？不妨以另一同義詞「溫和的民主政體」作為註解。

所謂「溫和的民主政體」，乃是雅典民主政體的修正，也就是揚棄偏激，即化暴戾為祥和。其間有兩個問題需要解析，第一，亞氏既批判民主政體,何以還要擷取民主政體作為好政體的根本？這正是他務實的思維有以致之，因為儘管亞氏對民主政體或貧民

---

❾❹ *Pol* 1288b21. 其有言曰："I mean he must be able to consider also a constitution which is given, both how it could come into being...."

❾❺ *Pol* 1294a30–1294b41.

政體多所非議，但在他討論三個階級之際，固然寄望於中產階級強大，惟冷酷的現實是社會上絕大多數都是最貧窮的人，雅典如此，其他城邦亦莫不然，《政治學》四至六卷一再強調，政體的採擇，不可任意為之，而是應衡情度勢，遷就客觀條件，方屬允當。是以亞氏談到理想城邦的境界，對於君主政體或貴族政體的精英統治也頗為神往，祇是基於務實的考量，就不得不認同民主政體的代表性了。柏拉圖〈理想國〉崇尚哲君之治，比喻治國者為良醫，百姓為病人，接受統治，猶如求診或救命。而亞里斯多德正視大多數人為主體的政治現實，將治國者比喻為廚師，人民為食客，廚師雖精於廚藝，但菜餚美味與否應由食客的感受如何而定，意謂既是以民為主，則施政之良窳應由大眾而非治者論斷。

　　再者，亞氏雖極崇拜師門的道德文章，但對於〈理想國〉中將治國之事只寄望於聖君賢相的真知灼見一節，頗不以為然，蓋統治者的才能固甚重要，惟不論多麼聰明的人，也會犯錯，且越是自命天縱英明者，越容易因傲慢而昏聵，而失卻智慧。亞氏《尼可馬丘倫理學》(Nichomachean Ethics) 中曾援引赫胥德 (Hesiod) 的詩之相關隱喻，以表達此一意涵❾❻：

　　　他自以為是知曉天下事的皎皎者，

　　　亦最具有雅納嘉言的崇高德性，

　　　殊不知他並無所知，

　　　且銘記於心而又推崇備至的其人其言，

❾❻　Ibid. 赫胥德詩云："He who understands himself is best of all; he is noble also who listens to one who spoken well; but he who neither understands it himself nor takes to heart what he hear from another is a useless man."

卻一無是處。

這正是精英統治的癥結之一，相對地，民主政體雖不免於平庸，但日久天長，總會流露人同此心與心同此理的輿情，所謂公道自在人心，治國者據以施政，雖不中亦不遠矣。重點是如何使民主政體棄偏激而致中和，此乃亞氏最為掛心的事。

第二，如何讓民主政體節制偏激而轉趨溫和？實為亞氏政體論的難題。如前所述，扶持中產階級使其在資產階級和無產階級之間扮演制衡的角色，固屬根本之圖，此外，亞氏更建構法治的網絡，使寡頭或民主政體不得跨越雷池。特別憑藉此一規範，克制民主政治常見的激情和衝動。

亞氏《政治學》承柏氏〈法律〉篇之餘緒，主張「法在人之上」，所不同的是柏氏晚年有感於哲君之治難求，以德化人的最高之善既不可得，乃退而求其次，以法律維繫基本之善，亞氏的理念則是以憲政之治為上品，法度嚴明是優良政體的表徵，並非不得已而為之。所以他甚且把法律看作人類社會文明生活不可或缺的要件。

柏拉圖〈法律〉篇曾有名言：「人類經歷文明的洗禮，可成為動物中之最高尚者，如悖離法律和公道，則是動物中之最低劣者」。亞氏《政治學》奉為圭臬，並在詮釋中賦予豐厚而又深遠的意義，略謂法律不是無根之物，傳統與習慣乃是它得以孕育的土壤，它的產出，乃是社會總體智慧的結晶。《政治學》的相關篇章，似乎依循雅典民主政治的傳統，稱許統治權係基於被治者的同意，唯其如此，人民才不致有屈從之感，其間的議論，自然會觸及人治與法治何者為優的命題，顯然亞氏是衷心贊成法治的，他雖附和柏拉圖主張治國者應重視理智 (reason) 之說，但話鋒一轉，強調

只有法律才是「不動感情的理智」，意謂即使是全知全能的政治家，也不排除感情用事的可能性，可說是一語道破，指陳人治不如法治之所以然。

　　亞氏確信憲法之治可維持被治者的尊嚴，可是問題在於「法」是「人」制定的，就算十分明智的政府，假手一時之選的學者專家，經過千思萬慮所完成的憲章或法律，還是難以祛除時代的偏見，或「仰體上意」的陰影，這便是他之所以看輕制定法而重視習慣法的緣由。換言之，亞氏認為作為「人」之規範的「法」，其所依憑的絕非特定時空的見解，不論如何高明的立法家，也比不上世代眾生在悠悠歲月中累積的義理和公道。後來羅馬法雖開制定法 (positive law) 之先河，但基本上仍以習慣法為宗旨。中世紀崇尚自然法 (natural law)，阿奎那斯 (St. Thomas Aquinas) 係研究亞里斯多德的權威，著有《亞里斯多德評註》(*Commentaries on Politics of Aristotle*)，這位神學家大致景從亞氏理念，奉習慣法與自然法為人類法 (human law) 之根本。近世民主思想亦吸納此說精髓，倡言立法者應仰望所謂「法後之法」(the law behind the law)，言外之意是不要以為握有權柄便可任意造法，須知在制定法的背後，尚有無形的正義法則，那是天理良心的境界，當竭誠體悟，不可輕忽。這種立憲或立法的正當性之哲理，似可視為亞氏法治理念的延續，流風所及，現代民主憲政業已演化為民主必以法治為命脈的流行觀念，其要義之一是有限政府 (limited government)，即政府權力應受憲法與法律的約制；再則，民權高漲但不致失控而泛濫為民粹。通常被稱道為優質民主者，即指民主不走偏鋒，不因狂熱而逾越規範，正是亞里斯多德心儀的「溫和民主政體」。

　　民主不可偏離法治，並不是什麼新穎的政治理論，借鑑史冊，古希臘的亞里斯多德久已拳拳於此，當年雅典人的直接民權，為

民所治的風險極高（不像近世民主有制衡機構可予羈絆），因而亞氏在政體論中雖屬意於民主，但頗顧慮其偏激，如何讓它歸於中道 (mean and moderation)，除上述從社會與經濟層面 (socio-economic basis) 銳意扶持中產階級及重視教育以導正人之偏差外，相當倚仗法治，俾得以節制人民的激情，並約束治國者的理智不可與社會的理智相違背。吾人若能珍惜亞氏的教訓，當不致讓民主政治逾越憲政主義而誤入民粹主義的歧途。

綜觀亞里斯多德對於生物學以至於人文學科的研究，體認人之自然本性及因循習慣而生活，幾與動物無異；又人之異於禽獸者，只因具有理智。亞氏若有所悟的指出，在文明國度之中，法律的造就，實不可脫離人的自然本性、習慣、與理智三者❾❼，否則，冀求法律合於公道或社會正義 (social justice)，恐不可得。

總結的說，亞氏《政治學》指涉的範圍雖甚博大精深，但其主體思想實以中庸為本。茲檢視相關的脈絡，不論探討什麼是好政體，革命的原因及其防範之道，均強調扶持中產階級以平衡或矯治最富有者與最貧窮者的偏差。為遷就窮人居多的現實，並為避免無產階級因不平和嫉恨而流於偏激，甚至鋌而走險，乃寧可捨棄聖君賢相的精英統治，而不是拂逆多數居於強勢的民主政體❾❽。然後祛除民主政體易走偏鋒的糟粕，吸納寡頭政體優質的

❾❼　*Pol* 1290b21. 亞氏談到 "the parts of the state, and resulting variety among constitutions"，略謂國家是多元的 "...every state is composed of many parts, not just one." 並論及制憲或立法不可忽略自然本性與悠久的傳統。

❾❽　*Pol* 1301b6; 1301b26; 1302a2. 亞氏承認他心目中的好政體乃是「得其中」者，析言之，其實那是靠近民主政體而非寡頭政體。"A constitution of middle people is nearer to democracy than a constitution of the few."

菁華，便可形成混合政體或「波利提」，也就是所謂溫和的民主政體。此無他，不過中庸之道而已。

　　亞氏之所以一再提示應刻意強化中產階級，正是為「波利提」奠定不拔的根基，當然，其所提倡之不亢不卑「中道而行」的公民教育，亦為此一根基的源頭活水。此外，另一牢不可破的配套，則是支撐溫和的民主政體之法治作為，既能預防民風流於偏激，又可約制政府權的跋扈與專橫。凡此種種，無非皆是亞氏中庸政治哲學的鋪陳與落實。

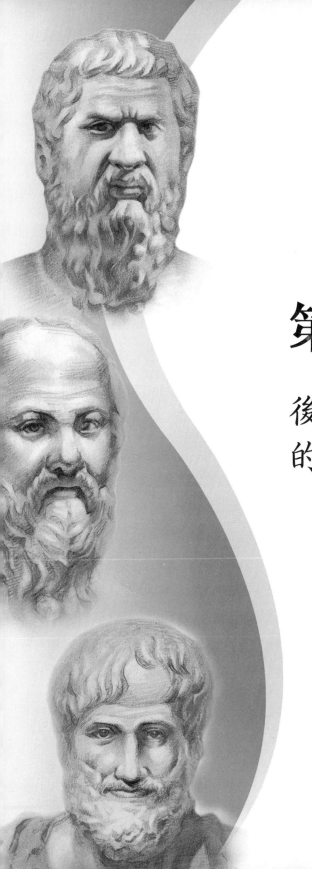

第伍篇

後亞里斯多德時代
的亂世哲學

　　亞里斯多德終老之際，恐怕是極其困頓和沮喪的，因為他的學生亞力山大對希臘城邦的征服，不僅迫使他倉卒逃亡，而且也摧毀了他與師門的共同信念，那就是公民和國家血肉相連，人不能自外於政治，城邦是自給自足的單元，也是個人命脈與生機的寄託。的確，柏拉圖和亞里斯多德的政治思想是離不開城邦的。柏氏嘗謂國家是大寫的 A，個人是小寫的 a，隱喻二者實為一體。亞氏除了「人是政治動物」的名言之外，說得更為明確而有力的話語是：「一個人疏離國家猶能生活者，則其人非神即獸也」❶。

　　這位曾做帝王師的哲人，其政治理念始終以城邦為寄託，明知馬其頓帝國業已成形，卻依然不改初衷，詎料後來他竟目睹城邦的破碎，一向倚靠城邦庇護的公民，頓時無所依歸，就成為飄泊的個人了。而征服者亞力山大的宏願是：追求「人類心靈的聯合」。他雖未竟全功即告死亡（亞里斯多德亦隨後辭世），但大一統的局勢已屬牢不可破。也就是說，後亞里斯多德時代，固有的城邦政治已是一去不復返了。於是希臘人普遍的感受是個人與國家分離，充滿人生無常的慨歎，或身逢亂世的失落之感。反映在政治思想上的流行觀念，乃是體認一己為世界公民 (a citizen of the world)，王朝所昭示的「大同主義」(cosmopolitanism)，未免高不可攀，兵荒馬亂中的平凡百姓，直覺家邦已逝，對「天高皇帝遠」的政治社會，實無從參與，亦無意於參與，自然趨向「苟全性命於亂世」的人生哲學了。

　　亞力山大的霸業終結了希臘城邦，開創了大同主義的思想，

---

❶　*Pol* 1325b14; 1326a25. 引見：Translated by Ernest Barker, revised with an introduction and notes by R. F. Stalley, Oxford University Press, reissued as an Oxford World's Classics Paperback, 1998, pp. 253, 260.

但其實是為個人主義鋪路，因為亂世中人無所憑藉，只有各憑造化，自求多福了。所謂亂世哲學，幾皆疏離政治，但求安頓人生。或對政治權威有所抗議或自甘於無為，甚至因自保而隱退。這一份獨善其身的冷漠，彷彿即是對政治紛爭的回應。如此看來，稱亂世哲學為反政治哲學 (anti-political philosophy)，似可得其神髓。

後亞里斯多德時代，政治哲學出現了前所未有的變局，城邦縱然殘存，公民文化已是魂飛魄散，應運而生的學派，大都圍繞個人自足的理念打轉，其犖犖大者有三：伊壁鳩魯派 (Epicureans)、斯多亞派 (Stoics)、及犬儒派 (Cynics)，犬儒派與斯多亞派一脈相承，可不另列述。

以言亂世哲學，最奇特的場景，乃是刻意越過柏拉圖和亞里斯多德的思想，咸認彼等係師法蘇格拉底。考其意涵，無非是排斥柏氏和亞氏所揭示城邦至上的觀念，而景從蘇氏鍾愛自然，崇尚清簡自得及樸質無華的生活。由此可見，特立獨行的蘇格拉底，對希臘末期的哲學頗具影響，特別是斯多亞派與犬儒派最為顯著，例如斯多亞派深信外在的權威無從剝奪人之「內在自由」(inner freedom)，似與蘇氏被處極刑之際，仍謂法官傷害不了他，如出一轍；至於犬儒派蔑視文明社會的繁華與逸樂，跟蘇氏赤足行走 (to go barefoot)，不羨金縷衣 (ill-clad)，以及不理睬世俗眼光，亦無二致。

一、伊壁鳩魯派 (Epicureans)

伊壁鳩魯 (Epicurus) 其人，出身貧寒之家，據稱年十四即沉浸於哲學研究。十八歲，時值亞力山大逝世，氏由故居 (Samos) 遷往雅典，雖取得公民資格，但舉家成為當地難民。在逆境之中，

到處講述哲學，起初，師法 Nausiphanes 及 Democritus❷，後來 (311 B.C.) 乃自設門派。

伊壁鳩魯為人謙遜，樂天知命。年輕時期在雅典的教學生涯，尚稱平靜。惟以健康欠佳，往往勉力傳道。值得一提的是氏素性恬淡自適，頗有「居陋巷而不改其樂」的風範，知之者皆甚折服，慕名求教的訪客，絡繹於途。氏以自家院落為講堂，聽眾除頗有根柢的哲學門生外，亦不乏市井之徒，甚至奴隸。其講授內容，一言以蔽之，可說是「快樂主義」，最能扣人心弦者，慨言家國殘破，處處都是苦難，惟其如此，更當尋求人生樂趣，切不可感時傷神，淒苦度日。氏嘗現身說法，敘述他屢受病痛折磨，但仍然談笑自如，不介意貧寒，不擔心兵荒馬亂，並始終確信人即使在危難中亦可苦中作樂 (a man could be happy on the rack)。 ❸

㈠人生要旨在趨樂避苦

伊壁鳩魯派談快樂主義，不止於「人生要旨，在追求快樂」的一句抽象言辭，且透過不同的義理層次，敘述快樂的兩種境界。

⑴激動的快樂 (dynamic pleasure)：

人之常情，往往銳意追求慾望的滿足，從而獲得快樂，這種經由對感官的刺激而賞心悅目者，或夢寐以求的高官厚祿，終於

---

❷　按德摩克雷特 (Democritus) 係蘇格拉底之前的哲學家，為原子論或唯物論者，其主張宇宙一片蒼茫，並無目的去學。伊壁鳩魯派的思想深受其影響。

❸　Bertrand Russell, op. cit., p. 242. Epicurus 的樂天知命，反映在家書手札中的最為真切，亦最為感人。例如臨終之日 (on the day of his death) 的書信有言曰："On this truly happy day of life, as I am at the point of death, I write this to you."

如願以償者，俱為激動的快樂。歸納的說，舉凡聲色犬馬以至於富貴榮華均屬之。默察世道人心，芸芸眾生大多嚮往激動的快樂，這似乎是本能上的需求，總以為如能獲得大富大貴，便是出人頭地，也就是幸福人生。

⑵寧靜的快樂 (static pleasure)：

這種快樂，講求心靈的愉悅，不重視身外之物是否豐足和華麗。析言之，人生的幸福，並非建立在轉眼成空的物質條件上，而是要在平淡中營造內心的和諧與安逸 (peace of mind)，即使是粗茶淡飯和竹籬茅舍的清苦生活，亦可自得其樂，這便是寧靜的快樂。

伊壁鳩魯派鼓吹快樂主義，不得不承認激動的快樂也是快樂，且為人間趨之若鶩的願景，似屬無可厚非。惟該派深表關切者，人對物慾的貪婪之心，無休無止，而富貴榮華，祇是過眼雲煙，故激動的快樂實與痛苦結伴而來，因為得享此樂者於心滿意足之餘，不免懷有失落的恐懼，尤其在離亂之世，更是惶惶不可終日，如此患得患失，何能維繫快樂的心境。再者，人生際遇，宛如月圓月缺，風光之日有時而窮，難免遭逢失意和潦倒。故伊壁鳩魯派警示激動之樂的背後，隱藏諸多風險，以及席終人散的落寞與空虛！這般解說的意涵，很像我國老莊哲學「禍福相倚」的教訓。

伊壁鳩魯派解析，寧靜的快樂之所以可取和可貴，乃在於它是一念之間的境界，如能識得其中三昧，與人無爭，即可享有，且因而得以久遠。正如我國前賢所謂，「澹泊明志、寧靜致遠」之意，其間的樂趣，至為雋永而有餘味。

伊壁鳩魯特別提示，激動之樂的癥結在於得之者的憂心和掛慮，無形中轉樂為苦，則將失卻人生的意義。故不如揚棄名利之心，祛除物質的慾望，從紛爭和攘奪中退隱，了無牽掛，方能獲

致寧靜的快樂，也才是人生真正的快樂和幸福。氏一再闡述，寧靜的快樂看來平易，似乎只要甘於貧窮，過清苦的生活即可，其實不然，雖由於與人無爭，不必擔心外界豪奪巧取之風險，惟相當難以克服的問題在於能否心如止水，對於身外的浮華世界能否無動於衷？伊壁鳩魯堅信澹泊心志可凌駕物質誘惑，自得其樂的意念可袪除生理上的痛苦。氏曾以一己之經歷見證「哲學家的心靈不為肉體的痛楚所困擾」，這般境界，他稱之為「空」(empty；有點像佛家四大皆空的意味)。❹在信念的引領之下，讓不愉悅的知覺和情愫歸於虛無。

　　伊壁鳩魯當然明瞭不能期許人人為哲學家，但仍然勗勉亂世中人，務必謹記哲學家的教誨，擺脫對慾望 (desire) 的牽掛，而潛心咀嚼和品賞寧靜的快樂。他真誠地體認，當人的身心處於平衡狀態 (a state of equilibrium) 之際，病痛便難以入侵，而激動的快樂足以破壞這種平衡，氏詮釋其中情境，深入淺出，曾以飲食為例，清淡而中和 (the state of having eaten moderately) 為甘美❺，相反

---

❹　Martha C. Nussbaum, *Therapy of Desire, Theory and Practice in Hellenistic Ethics*, Princeton University Press, Princeton, New Jersey, 1994, pp. 102–107. 著者特以 "Epicurean Surgery" 為題，意謂一般的藥物或物理治療 (therapy) 已難醫治人的貪婪之心，伊壁鳩魯派所講求的寧靜之樂，乃是要斬斷對身外之物的慾望，達到「空」的境界，一如以手術切除人之病灶。

❺　Bertrand Russell, op. cit., p. 244. 按羅素引述伊壁鳩魯標榜寧靜的快樂應用 "equilibrium" 及 "moderation" 的字樣，頗具亞里斯多德崇尚之中和而不偏激的意味。伊壁鳩魯認為幸福的意涵，不是貪圖片刻的激動之樂，而是清簡與寧靜的生活，免於痛苦、煩憂、和焦急 (Happiness consists not the pleasures of the moment but in life of serenity free from pain, worry, and anxiety)。此與亞氏《倫理學》中

地，縱口腹之慾的大吃大喝，不獨有損健康，抑且玩物喪志。

　　如何獲致「空」的意境，伊壁鳩魯提示，單憑苦行或孤芳自賞是不夠的，故勸慰芸芸眾生，要在自我天地裡營造寧靜之樂的空間。首要之事，應警覺人生短暫，承受不了千古以來的憂愁，譬如對神靈的恐懼 (fear of gods)，便是強人所難。蓋神靈的心意渺茫，未可逆料，究竟如何取悅又如何報償？方不致因冒瀆而禍從天降？這種惶恐的本身，即為苦難！若此心忐忑，怎能維繫寧靜之樂於不墜？殊不知神靈何等睿智，只管在雲端的天庭中逍遙，無心理會人間誰是誰非，至於死後劫難或地獄受苦之類的傳說，不過是庸人自擾！伊壁鳩魯乃強烈指摘民間問卜求籤等巫術，談神說鬼，無端地給人生帶來為害極大的掛慮和不安！

　　又如對死亡的恐懼 (fear of the death)，更是世俗中人的愁雲慘霧，足以使快樂的心境趨於陰沉。伊壁鳩魯家書及致友人函札中屢屢解說，人體祇是知覺的寄託，一旦知覺不再，即是生命的沉寂，則榮辱皆歸於虛無，不妨含笑離去，何必恐懼？蓋人生時日本是屈指可數，亦為自然規律，只有愚妄之人祈求長生不老。是以智者但問如何活得快樂，毋庸計較何時告終，及身後魂歸何處。

　　歸納言之，伊壁鳩魯派的人生哲學是很單純的，唯趨樂避苦而已，特別是亂世中人，更要懂得不涉凶險，自求多福，除此之外，都是多餘的負擔。人生在世，何其渺小？杞人憂天，徒增困擾！因為人類智慧的開端首先要懂得安身立命，而安身立命的重點之一，應領會上天與人事無關，方可了卻諸多不必要的惶恐和苦惱！至於生命的終結，猶如星辰的隕落，但求閃耀時有其光芒，何必為命途長短而傷神？故伊壁鳩魯留下名句：「對於智者而言，生也何憂，死也何懼？」(There is nothing fearful in living for one who

所講求者亦頗相當。

genuinely grasps that is nothing fearful in not living.)❻意謂唯不憂不懼者，才能懷抱寧靜之樂，安享天年。

㈡聰明人應遠離政治

　　前已言及，伊壁鳩魯主義倡言人生幸福實寄託於一切煩憂的免除，而政治必然牽動利害或成敗之爭，其間的糾葛，千頭萬緒！稍有差池，不免衍生風險，自與明哲保身之義理相悖。雖然，從政者或有本乎公道的俠義作為，那不過是鳳毛麟角，一般而言，大多不能忘情於權位和榮耀，寄望功成名就，從而獲得激動的快樂，致名利中人，總是前仆後繼，惟涉足爾虞我詐的政治疆場，說是「古來征戰幾人回」。容或過於誇張，但隨時會遭致不測的損傷，則是不爭的事實。常言道：「朝是座上客，暮為階下囚」，從門庭車馬到牢獄之災甚至殺身之禍，可能在旦夕之間風雲變色。這乃是政治人物樂極生悲的寫照。伊壁鳩魯因而強調政治是一條不歸路，險阻難測，凶多吉少，聰明人應迴避之，不如自甘於無為，悄然隱退，而著意於尋求寧靜的快樂。

　　後世學者，對於這種逃避哲學，不無非議。賽班說它是一種不流血的審美論 (Aestheticism)，暗示其不食人間煙火，孤寂地在亂世構築美好境界，藉以安慰末世人心。此說不失為持平和公允的論述。羅素則是以責難的口氣，批評伊壁鳩魯派的逍遙之樂，以之與近世盧梭 (J. J. Rousseau) 所言「天然的自由」(natural liberty)

❻　Epicurus, *Letter to Menoceus*, pp. 124–127. 引見：John H. Hollwell, Jene M. Porter, *Political Philosophy: The Search For Humanity and Order*, Prentice-Hall Canada Inc., Scarborough, Ontario A Viacom Company, 1977, p. 100.

相提並論，只是消極地逃避撥亂反正的責任，乃是「虛弱病患者的哲學」。誠然，若以公民社會「匹夫有責」的理念為依據，自不免質疑：聰明人遠離政治，難道任由愚妄之徒去左右蒼生命運？古聖先賢亦有類似的教訓，所謂「小人當道，君子之過也」。循是以觀，伊壁鳩魯主義的消極退避，委實令人難以苟同。不過，筆者以為評論思想史上的此等學派，理當體認其來有自的特殊背景。試想，希臘城邦瓦解、公民意志潰散之際，在前所未有的變局中，自然會滋生趨吉避凶與自求多福的亂世哲學，我人如抱持這般同情的瞭解，當不致揭櫫柏拉圖及亞里斯多德的公民責任觀念，苛責當時的哲學家何以未能奮袂而起，作力挽狂瀾的呼號。再者，平情而論，身居亂世之人，在政治上競相奔逐，是否為國計民生之福？亦未可知。至少是與伊壁鳩魯派所關切者不相容也。

二、斯多亞派 (Stoics)

斯多亞派之創始者為芝諾 (Zeno)，原為犬儒派 (Cynics) 的弟子，後來在雅典創立門派❼，其徒眾包羅三教九流，聲譽鵲起。由於常在畫廊演講，人稱「畫廊學派」；又因倡導苦行，故亦云「苦行者的哲學」，此一特色，顯然係承襲犬儒的餘緒有以致之。

---

❼ 芝諾 (Zeno of Citium) 與克林賽士 (Cleanthes)、及科雷錫普斯 (Chrysippus) 同為斯多亞派早期的三巨頭。見：*Concise Routledge Encyclopedia of Philosophy*, London and New York, First Published 2000 by Routledge, p. 862. 彼等皆主張人應尋求「與自然相容相依」"to live consistently with nature"。見：*The Columbia Desk Encyclopedia*, by The Staff of Columbia Encyclopedia, William Bridgwater, editor-in-chief, New York, 1953, p. 1219.

㈠天道支配人生

斯多亞派與伊壁鳩魯派同為亂世哲學，皆主張不為物役（斯派之鼻祖在這方面表現得最為偏激與乖僻）。伊派的意旨，期勉眾生在清簡中自得其樂，俾合於明哲保身之道，而斯派則較為嚴峻與冷酷，從宇宙觀到人生觀，造就一種宿命論 (fatalism)，認為天道必然支配人生，世間的一切都是命定的，亂世中的苦難亦然，以是之故，人的愛、憎、悲、歡等情愫的反應，徒然傷神，不如聽天由命，也就不會感到失落、恐懼、和痛苦了。

斯多亞派的宇宙決定主義 (cosmic determinism) 是它的根本，該學派認為宇宙在冥冥之中，必有其神奇的主宰，掌握大自然運作的規律，人不過是其間的一環，並不能自外於總體的安排，故天道與人生的互動，簡言之，就是神為主，萬事萬物皆被動的隨之流轉 (active god and passive matter)，人的自由空間，只是依循天道以控制一己的感情 (the only freedom man has is the freedom to control his emotions) ❽ 。

按斯多亞派常將「理性」、「自然」、及「神」看作同義字，從而可見該派已把人生哲學與宗教信念合一，這對後來基督教的影響至為顯著。易言之，人只要本乎理性，依順自然，不傷天害理，不作非份之想，不妄求慾望的滿足，便可了卻諸多煩惱。縱然身陷困境，也要逆來順受，當它是命該如此，即可度過難關。這可說是對於身居亂世者提供最具感召力的慰藉，意謂天意不可抗拒，人事如何，又何必怨尤？其最動人的比喻：人生宛如舞臺，扮演

---

❽ "Freedom and Determinism in the Stoic Theory of Human Action," in *Problem in Stoicism*, ed. A. A. Long (London: The Athlone Press, 1971), p. 175.

何種角色，皇帝抑或奴隸，皆是命裡註定，對幸與不幸的慨歎、悲傷、及憤怒，均屬無謂的呻吟，不如壓抑之而歸於平靜。職是之故，有人稱斯多亞主義 (stoicism) 為「無所謂」哲學 (Don't care philosophy) ❾。言外之意，一切皆由命定，人又何必栖栖惶惶地去介意世間的成敗與苦樂呢？若果真做到萬般皆「無所謂」，自可不為情動和不為物役了。宿命論本是自古有之的民間流行觀念，但斯多亞派以之與「天道」相呼應，進而提出「自然法」的理念，在西洋政治思想史上產生深遠的影響，特別是與時俱進的表述，最能顯現「聖之時者也」的卓越智慧。

㈡苦行與超凡入聖

斯多亞派賤視富貴，可說是極其自然的事，一則由於首腦人物芝諾和科雷錫普斯皆不脫狄奧真尼斯 (Diogenes) 的遺風，崇尚貧窮哲學家的格調，始終摒棄世俗中的價值觀念，對於希臘傳統中的富貴與貧賤，文明與野蠻，公民與外來人，均視之為可鄙的分野。斯多亞派吸納了這般思想情操，正好為作為亂世哲學對苦難中人的安慰。

再則犬儒派提倡極端的苦行，乃是基於對文明的反動，以凸顯哲學家的志行高潔；斯多亞派領受不為物役的風格之外，並標榜另一層價值觀，即是在苦行與道德之間設定不可分割的關係，甚至認為人要瞭解善德和天道，絕不能在養尊處優中得之，而是應以苦行去修鍊心智，一切美好的身外之物，都足以敗壞靈魂。故斯多亞派講求苦行，務必使其刻骨銘心，無非以苦行讓肉體之樂趨於寂滅，旨在提升人的靈性，進而體認道德，唯盛德與睿智之人，可了悟上天神聖的啟示。反之，若不能以苦行滅絕慾望者，

❾　引見：鄒著《西洋政治思想史稿》，頁 115。

想要領會善德與天道，總是不得其門而入。

　　這種靈肉二分之說，中世紀神學家奧古斯丁 (St. Augustine) 領而受之，嘗謂世俗中人不斷進行靈肉之戰，屬「靈」者可登「上帝之城」(city of God)（按此為氏之代表作），相反地，沉迷於肉體衍生之虛榮者，則將墮入「撒旦之城」。可見斯多亞派靈肉對立的觀念，正好給予中古神學家豐足的靈感，使神學流露哲學的精神，例如本來聖經中關於「原罪」的解釋，千篇一律，咸謂緣於人類的祖先亞當和夏娃偷食禁果所致，而奧古斯丁卻破格地另作解說：其所以「人人有罪」者，倒不如說是人性的弱點使然，氏以為人若信其一己，成功之榮耀亦歸於自我，則往往滋生貪鄙之心，甚或流於傲慢與狂妄；若成就遜於他人，則忿懣或嫉妒，失敗時又不免頹喪或自暴自棄，凡此皆罪也。有鑒於此，「愛自己」雖無罪過，但從而衍生之弱點，終究難以抗拒撒旦之引誘，罪在其中矣；唯有「愛上帝」者，可將成敗均歸之於神，成功不在於我，豈可驕傲？失敗亦係神的旨意，毋庸自責。這番闡述，正是「原罪」及其救贖之道的哲理，其與斯多亞派提升靈性方可拯救肉體沉淪的理念，幾是如出一轍。

　　斯多亞派原本以苦行作為超凡入聖的法門，及至信仰的時代，神學家只擷取其果實，未再賡續苦行之說。

㈢斯多亞派對西洋政治思想的影響

　　斯多亞派本是希臘末世的哲學，倡言天道支配人生，其宇宙決定主義及相關的宿命論，幾與國家和公民社會觀念毫不相干，在後亞里斯多德時代，城邦政治土崩瓦解之後，該派趁勢提出所謂大同主義 (cosmopolitanism)（亞力山大已言之在先），主張破除國家的藩籬與狹義的律法，但求人人遵從自然即可。這對後來的

羅馬及中世紀的思想而言，可說是一拍即合。

斯多亞派最了不起的一點是懂得順應時勢，而有所變革。譬如羅馬興起，該派即未再固執原初的宿命論，祇將自然法及人類平等的理念賦予羅馬，使羅馬的法學家如魚得水一蹴即就的跨越國內法畛域，而建構了「萬民法」的格局，「自然法」乃得以落實，於是「自然法」因而從「天道」轉化為「人道主義」(humanitarianism) 的思想。析言之，由於斯多亞派刻意投合羅馬盛世的需求，自然法遂成為羅馬法的最高原則，天道與人間的公道合一，「法律之前人人平等」的理則，也就應運而生了。

及至中世紀的信仰時代，神學家對於斯多亞派的「大同主義」亦欣然接納，稱之為 "human brotherhood"，即「四海之內皆兄弟也」或「主內兄弟姐妹」，其時，斯派不再拘泥羅馬「制定法」(positive law) 的詞彙，而是認同神學家所云上帝的法律 (the law of God) 或與上帝協和 (harmony with God) 的法律。儘管如此，斯多亞派並未隨波逐流而失落固有風貌，雖歷經年煙代遠的滄桑，但大體上仍舊維繫其宇宙觀與「苦行者的哲學」於不墜。譬如紀元前一世紀羅馬共和時期的西塞羅 (Cicero)，著書立說，堅持斯多亞派「依順自然」的傳統理念；又如另一位斯派之後繼者辛內嘉 (Seneca)，他是百年後的羅馬帝國思想家，雖逢鼎盛之世，亦服膺先驅芝諾等人的理念，警示人生無常，不如甘於平淡和清苦，以免患得患失，其有言云：「幸運之神既未賜予，她就不會拿走什麼」(what fortune does not give, she does not take away)，又云：「不懷奢望，便可止息恐懼」(You will cease to fear, if you cease to hope.) ❿ 簡言之，既無所得，即無所失。

就政治思想而言，斯多亞派本無政治色彩，何以能造就無與

---

❿　Martha C. Nussbaum, op. cit., p. 389.

倫比的歷史地位？主要是因為此一哲學不故步自封，乃得以廣為流傳，綿延不絕。其自然法及從而孕育的平等、博愛、公道、與人權觀念，無形中作為亞力山大的統一、羅馬盛世與萬民法、以及中古信仰時代的精神支柱。在政治思想上的影響至為深遠，論者咸謂不下五百年之久。其實，歷史長河難以斷流，思想層層相因，若輾轉引申至近世，則斯多亞派的影響就難以估計了。茲舉例以明之，回顧希臘的黃金時代，雖被稱許係文明及人文哲學的登峰造極，從柏拉圖至亞里斯多德皆宏揚正義與公道，但從不懷疑人類的不平等及奴隸制度的正當性。而斯多亞派的哲人如塞西羅和辛內嘉，則是強烈批判亞里斯多德之人類不平等觀與自然奴隸說，強調在自然法之下，人類的平等不成問題，奴隸制度不合於自然，實為人間的不幸！這種思想不僅影響了羅馬的法學家及中古的神學家，即使是近代的民主、法治、與人權，亦因而受用不盡。威廉‧艾本斯坦在《當代的主義》(*Today's Isms*) 一書中即曾指出，民主的精義之一，有所謂「法後之法」(The law behind the law)，提醒治國者不可依恃權位恣意立法或決策，而是應體認在人間法度的背後，尚有相當於「天理良心」的自然法，那是人同此心心同此理的無形規範。

總結來說，斯多亞派對西洋政治思想的影響，可說是「無心插柳柳成蔭」。雖然，後世學者批評斯派作為一門哲學，在義理上不無可議之處，譬如其創說之宇宙觀，標榜天地間物理的必然，人生種種只是自然之下的定數，然而，該派為激勵苦難中人不屈服於惡勢力，應堅信「內在的自由」(inner freedom)，存此一念，肉體的不幸遭遇，便可置之度外了。論者乃指摘「內在的自由」之說，顯然與其所主張的命定主義相牴觸。誠然，這確乎是邏輯上的不協調之處。不過，若轉換一個角度權衡，作為一種亂世哲

學，其立論在在著眼於對苦難中人的安撫，故將生老病死、成敗得失以至於榮辱窮通皆歸於天命，從而舒解人心的創傷；另一方面，為肉體遭遇折磨者尋求精神上的解救，倡言「內在的自由」，亦為無可奈何的出路。按二者皆為濟世之道，皆能令人動容，也就疏於顧全理論的無懈可擊。

　　一般而言，帶有宗教色彩的哲學，往往著意於廣結信眾，傳揚所揭示的道理，並不講求學理或邏輯上的一致。或以此故，斯多亞派之所以能夠流傳久遠，不像犬儒派及伊壁鳩魯派之曇花一現，也許跟派系粗疏，不執著於謹嚴的議論有關。

索　引

這是個什麼樣的世界

王文方 著　陳澤新 繪

「形上學」是西方哲學中研究世界「基本結構」的一個學門。許多人認為形上學是玄之又玄、深奧難懂、甚至抽象無聊的學問，但其實是對形上學的誤解。在這本書裡，作者透過簡單清楚的說明與生動鮮明的舉例，讓讀者對形上學不再產生距離感與畏懼感。討論的主題包括因果、等同、虛構人物、鬼神、可能性、矛盾、自由意志等等，都是讀者平時會想到，但卻沒機會仔細深思的問題。

人心難測 —— 心與認知的哲學問題

彭孟堯 著　陳澤新 繪

身處科技與幻想發達的時代，我們夢想著有一天能夠創造出會思考的機器人——例如擊敗過世界棋王的電腦「深藍」。我們更夢想著有一天機器人能夠更像人一樣。人類真能辦到嗎？本書將近三十年來哲學家對於這些問題的討論做了一些整理，以淺顯的方式來說明這個發展快速的研究領域裡，重要的哲學問題、哲學學說、及其遭遇的困難。不僅讓讀者對人類價值作深切反思，亦是開拓視野的閱讀經驗。

行政學

林鍾沂 著

公共行政在「求實務本」的前提下，絕非僅止於靜態的呈現，而是不斷地在結構和行動之間迴轉周旋、辯證對話。本書即以此為認識的基準，除了橫向擴展國內傳統行政學著作所未論及的主題，使分析架構更為清晰和包羅面向更加完整外，作者尤本於方法論的思考，針對各項主題縱觀其系統、理析其意涵，從事嚴謹的論述省察，期使公共行政的相關學理能在管理、政治及法律等途徑中，展現出更為豐富而精彩的知識對話，從而進一步拓寬了實務行動的可能視野。

海都物語(上、下)

塩野七生 著　彭士晃、長安靜美 譯

這是一塊荒地，若非沒有更好的選擇，誰也不願在此落腳，除了魚——同時也是這裡唯一的資源。惡水成了他們與大陸強敵之間的天險，卻也將世界阻絕在他們面前。對一個無法自己自足的蕞爾小島來說，這種退一步即無死所的現實，也成就了他們血液中根深蒂固的務實性格。沒有人比他們更清楚海洋國家要走出去，也必須走出去的宿命，因此當世人都在選邊站時，他們避談意識形態，只問國家利益，即使為此蒙受罵名……。

自戀的人說：「人之所以愛，是因為在情人身上看到自己」。我在威尼斯看到遙在萬里外的這塊土地，你呢？——《海都物語》——一本給新臺灣人的另類情書。